Französische Atlantikküste

von Ursula Pagenstecher

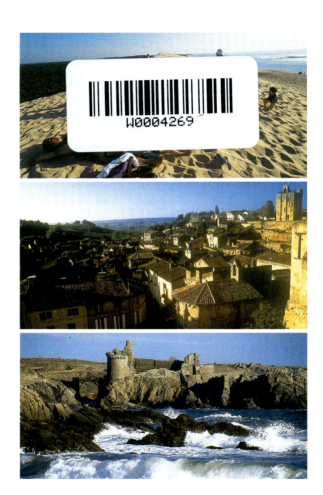

☐ Intro

Französische Atlantikküste Impressionen 6

Wärme, Wälder, Wein und Meer

Geschichte, Kunst und Kultur im Überblick 12

Von langen Kriegen und harten Glaubenskämpfen

☐ Unterwegs

Poitiers und La Vendée – zwischen Marsch und Meer 18

1 Poitiers 18
  Futuroscope 22
2 Puy du Fou 22
  Die Hügel der Vendée 23
3 Île de Noirmoutier 24
4 Île d'Yeu 27
5 St-Gilles-Croix-de-Vie 29
  St-Jean-de-Monts 30
6 Les Sables d'Olonne 31
  Marais d'Olonne 33
7 Pertuis Breton 34
8 Marais Poitevin 35

Charente-Maritime – Wasser und Wein 39

9 La Rochelle 39
10 Île de Ré 43
11 St-Jean-d'Angély und Aulnay 46
12 Île d'Aix 47
13 Rochefort 48
   Château La Roche-Courbon 50
14 Brouage 50
15 Marennes 51
16 Île d'Oléron 52
17 Royan 55
   Phare de Cordouan 56
   La Palmyre 57
18 Meschers-sur-Gironde 57
   Ste-Radegonde-de-Talmont 58
19 Saintes 58
20 Cognac 61

Bordeaux und Gironde – im Land der großen Weine 65

- **21** Bordeaux 65
  - Nördliche Altstadt 68
  - Am linken Ufer der Garonne 70
  - Quartier St-Michel 72
  - Westliche Altstadt 72
  - Quartier des Chartrons 73
- **22** St-Emilion 76
- **23** Entre-deux-Mers 78
- **24** Garonne 80
- **25** Blaye 81
- **26** Médoc 82
  - Haut-Médoc 82
  - Bas-Médoc 85
- **27** Soulac-sur-Mer 87
  - Pointe de Grave 87
- **28** Côte d'Argent 88
- **29** Bassin d'Arcachon 89
- **30** Arcachon 93
  - Dune du Pilat 94

Les Landes – Silberküste und Kiefernwälder 97

- **31** Étang de Cazaux et Sanguinet 97
- **32** Biscarrosse 98
  - Parentis 98
- **33** Mimizan 98
- **34** Parc Naturel Régional des Landes de Gascogne 99
- **35** Étang de Léon 102
- **36** Vieux-Boucau-les-Bains 103
- **37** Hossegor 103
  - Capbreton 105
- **38** Dax 105
- **39** Labastide-d'Armagnac 107

Euskal Herria – Land der Basken 109

- **40** Bayonne 109
  - Grand Bayonne 110
  - Petit Bayonne 111
- **41** Biarritz 112
- **42** St-Jean-de-Luz 116
  - Ciboure 118
- **43** Hendaye 119
- **44** Labourd 120
- **45** Cambo-les-Bains 121
- **46** St-Jean-Pied-de-Port 122

Französische Atlantikküste Kaleidoskop

Die Vendéekriege 25
Fromme Pilger, frühe Touristen 50
Harte Schale, weicher Kern 52
Kleine Cognac-Kunde 63
Bastiden – die neuen Städte 79
Hitliste der edlen Tropfen 86
La Pinhada – der Kiefernwald 101
Gewagte Sprünge, elegante
 Pirouetten 104
Euskaldunak – die baskisch
 sprechen 113
Pelote – Nationalsport der Basken 115
Schlemmerparadies Atlantikküste 129

Karten und Pläne

Französische Atlantikküste – Norden
 vordere Umschlagklappe
Französische Atlantikküste – Süden
 hintere Umschlagklappe
Poitiers 21
La Rochelle 40
Île d'Oléron 55
Saintes 60
Bordeaux 66/67
Dax 106
Bayonne 110
Biarritz 112

☐ Service

Französische Atlantikküste aktuell A bis Z — 121

Vor Reiseantritt 125
Allgemeine Informationen 125
Anreise 126
Bank, Post, Telefon 127
Einkaufen 128
Essen und Trinken 128
Feste und Feiern 128
Klima und Reisezeit 130
Kultur live 131
Nachtleben 131
Sport 131
Statistik 133
Unterkunft 133
Verkehrsmittel im Land 135

Sprachführer — 136

Französisch für die Reise

Register — 140

Impressum 143
Bildnachweis 143

Leserforum

Die Meinung unserer Leserinnen und Leser ist wichtig, daher freuen wir uns von Ihnen zu hören. Wenn Ihnen dieser Reiseführer gefällt, wenn Sie Hinweise zu den Inhalten haben – Ergänzungs- und Verbesserungsvorschläge, Tipps und Korrekturen – dann schreiben Sie uns bitte:

**Redaktion ADAC Reiseführer
ADAC Verlag GmbH
81365 München
verlag@adac.de
www.adac.de/reisefuehrer**

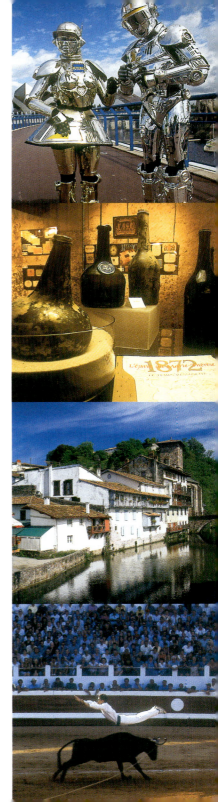

Französische Atlantikküste Impressionen
Wärme, Wälder, Wein und Meer

Wenn ein Franzose sagt, er fährt an die **Côte de l'Atlantique**, so denkt er dabei nicht an die Küsten der Normandie oder Bretagne, sondern an den sonnenverwöhnten Meeressaum zwischen der Loiremündung bei Nantes und der spanischen Grenze. Er meint die scheinbar endlos langen, hellen Sandstrände, den duftenden Kiefernwald, die verschwiegenen Flussbuchten, die Ferieninseln Ré und Oléron, die Weingüter im Bordelais, er freut sich auf Wellenreiten vor Biarritz oder Baden und Surfen an einem der zahlreichen Binnenseen.

Augenschmaus und Gaumenfreuden

Vielfältige Landschaftstypen und kunsthistorische Schätze bietet die rund 500 km lange Küste dem Besucher. Von Meer und Brandung gezeichnet ist die Landschaft **Vendée** südwestlich von Nantes. Sanft und heiter wirkt die Ferieninsel **Île de Noirmoutier**, auf der seit dem Mittelalter Salz gewonnen wird. Ihre außergewöhnliche Vegetation mit Steineichen und Mimosen, ihre 40 km lange Sandküste und die guten Radwanderwege locken Urlauber. Ausgedehnte Sandstrände mit munterem Badeleben ziehen bei **Les Sables d'Olonne** und **La Tranche-sur-Mer** im Sommer Hunderttausende Menschen an, die Trubel lieben – mit Spiel und Sport, mit Strandvergnügen und abendlicher Disco.

Stille und unberührte Natur erlebt der Besucher auf Bootsfahrten mit den traditionellen, flachen Kähnen der Marschbauern im üppig grünen, von Kanälen durchzogenen **Marais Poitevin**, dem ›atlantischen Spreewald‹. Das südlich anschließende Département **Charente-Maritime** ist ein Landstrich für Genießer: lieblich und leuchtend gelb, im Frühjahr von Rapsfeldern, im Sommer von immens großen Sonnenblumenfeldern. An der Küste gibt es moderne Seebäder und alte Häfen zu entdecken. Heitere, fast mediterrane Atmosphäre strahlt die freundliche Hafenstadt **La Rochelle** aus, deren bewegte Geschichte überall in der Stadt präsent ist, sei es in Form der mächtigen mittelalterlichen Türme, die die Hafeneinfahrt bewachen, oder in Gestalt des

herrlich eleganten Renaissance-Rathauses. Für einen Badeurlaub wählt man die La Rochelle vorgelagerte, zauberhafte **Île de Ré** mit feinen Sandstränden, dahinter liegenden Wäldern, Weinfeldern und einer von Salinen und Austernzucht geprägten Landschaft. Malerische Inseldörfer mit weißen, niedrigen Häuschen wie in St-Martin und Ars-en-Ré laden zum Bummeln ein. Für einen ruhigen Familienbadeurlaub bietet sich die größere Île

Oben: *Warum das Marais Poitevin auch Grünes Venedig genannt wird, weiß man spätestens nach einer romantischen Kahnfahrt mit dem Batelier durch die Kanäle*

Unten links: *Wogen, die die Welt bedeuten – vor Biarritz trifft sich die internationale Surfelite. Aber auch wer noch üben muss, findet an diesem Strand seinen Platz*

Unten: *Besonders stimmungsvoll wirken die Kiefernwälder der Landes im letzten Licht der rotgoldenen Abendsonne*

d'Oléron an, deren Sandstrände und pittoreske Häfen wie La Cotinière gern von Einheimischen und Touristen besucht werden. Wer an Frankreichs Geschichte Interesse hat, wird die kleine **Île d'Aix** besuchen, auf der Napoleon I. Bonaparte die letzten Stunden auf französischem Boden verbrachte.

Viele ausgezeichnet erhaltene romanische **Kirchen** und **Klöster**, oft in idyllischer Lage, findet man in den Dörfern auf den Inseln wie auf dem Festland. Bemerkenswerte Zeugnisse romanischer Kunst entdeckt man auch im Landesinneren, etwa die berühmte, überreich mit Skulpturen geschmückte Église St-Pierre von **Aulnay**. Lebendige Spuren der Vergangenheit findet der Gast in der Römerstadt **Saintes**, in der eines der wenigen erhaltenen Amphitheater Westfrankreichs zu besichtigen ist, oder in **Cognac**, der Geburtsstadt des Renaissancekönigs François I. Sein dortiges Schloss spiegelt sich in der gemächlich fließenden Charente, deren Ufer berühmte Weinfelder säumen. Aus den Trauben dieser Gegend destilliert man u.a. Cognac und keltert spritzige, fruchtige Weine.

Kaum eine Autostunde weiter südlich liegt das berühmteste Weinland der Welt, das **Bordelais**. Hier werden auf der dem Meer zugewandten Halbinsel **Médoc** Spitzenweine produziert, zwischen den Flüssen Dordogne und Garonne die aromatischen Entre-deux-Mers-Weine und südlich der Garonne die süßen, schweren

Sauternes. Kenner und Liebhaber bestaunen die kunstvoll erbauten Châteaux inmitten der Rebstöcke, verkosten mitunter edle Tropfen und denken an den Weinkeller daheim. Kunstinteressierte suchen alte Abteien auf wie La Sauve Majeure, Schlösser wie La Brède oder mittelalterliche Städtchen wie St-Macaire.

Im Zentrum dieser lieblichen, seit der Antike von Weinbau geprägten Landschaft liegt die Provinzhauptstadt **Bordeaux**, deren klassizistisches Zentrum mit Theater, Börse und den herrschaftlichen Stadtpalais der Bordelaiser Weinhändler vornehme Ruhe ausstrahlt. In fast jedem Bistro werden hier frische Austern aus dem nahen **Bassin d'Arcachon** angeboten.

Tatsächlich ist der gesamte Südwesten Frankreichs ein kulinarisches Schlaraffenland. In den küstennahen Orten genießen Gourmets köstliche Fischspezialitäten wie Rochenflügel, Seezunge oder Meerwolf, Meeresfrüchte, Austern, frische Miesmuscheln in vielfältiger Zubereitung, Garnelen, Schnecken und Krebse. Kenner schwärmen von Foie gras, der zarten Stopfleber, von Enten- oder Gänsefilet (*Magret*) sowie von dem feinen Ziegen- und Schafskäse.

Atlantik und Sport

Südlich der Gironde rollt **Aquitanien**, der Landstrich zwischen Gironde und Adourmündung, seinen Badegästen einen feinen, weißen **Sandstrand** von über 200 km Länge aus, an dem sich die Ozeanbrandung bricht und Gischt einen leichten Schleier über den Sand legt. Die Weite von Meer, Strand und Himmel ist Balsam für die Seele. Die frischen Westwinde vom Atlantik blasen auch die letzten Dunstwolken vom Himmel und sorgen für angenehme Temperaturen. Wer gern aktiv ist, kann hier originelle Sportarten

Links oben: *Am Strand von Arcachon ist in den Sommermonaten für Jung und Alt von Karussell über Baden und Sonnen bis zu Motorboot fahren einiges geboten*
Links unten: *Die große Festwoche in Dax beginnt jeden August mit dem traditionellen Einzug der Aktiven in die Stierkampfarena*
Oben: *In St-Emilion versammeln sich jeden September die Mitglieder der traditionsreichen Winzerbruderschaft Jurade, um den Beginn der Weinlese festzulegen*
Unten: *Französische Lilien und ein Schiff mit stolz geblähten Segeln zieren das Rathauswappen der Hafenstadt La Rochelle*

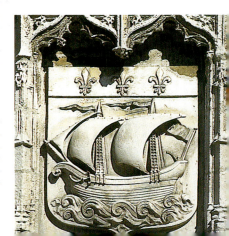

betreiben: Wellenreiten, Strandsegeln oder Drachenfliegen auf der **Dune du Pilat**, der größten Wanderdüne Europas. Landeinwärts lädt ein duftender Seekiefernwald, das mit 950 000 ha größte zusammenhängende Waldgebiet Europas, zum Reiten, Radeln, Wandern oder Picknicken ein. Hinter den Dünen liegen eine ganze Reihe von größeren und kleineren Süßwasserseen wie z. B. der **Étang d'Hourtin-Carcans**. Ihr ruhiges Wasser, in dem Kinder gefahrlos planschen können, die seicht abfallenden Sandstrände und die für Fortgeschrittene und Anfänger geeig-

neten Windsurf-Reviere machen die Binnengewässer bei Familien sehr beliebt. Das elegante Seebad **Arcachon** gehört mit seiner ausgedehnten Uferpromenade, den Jugendstil-Villen im Kiefernwald und dem Casino ebenso wie **Biarritz** zu den Höhepunkten der französischen Atlantikküste.

Unverwechselbares Baskenland

Ab der Adourmündung ändert sich plötzlich das Landschaftsbild: Die romantische, 30 km lange, buchtenreiche Felsküste **Côte Basque** löst die langen Sandstrände ab. Hier liegt das weltberühmte **Biarritz**, das von pompösen Palästen der Belle Époque, englischen Villen und farbenprächtigen Hortensien geprägt ist. Die alte, baskische Fischerstadt **St-Jean-de-Luz** wenige Kilometer südlich ist eines der charmantesten Seebäder der gesamten Atlantikküste mit historischem Ortskern, einer Fußgängern vorbehaltenen Strandpromenade und gemütlichen Fischrestaurants. Zwischen Atlantik und Pyrenäen erstreckt sich das interessante **Land der Basken**. Von seinen grünen, sanft gewellten Hügeln heben sich die gepflegten Gehöfte wie weiße Tupfen ab. Die Basken sprechen eine uralte Sprache, *Euskara*, und sind auch darüber hinaus bemüht, ihre Traditionen zu bewahren. In den malerischen Dörfern spielt die Jugend das Ballspiel *Pelote*, dem Squash nicht unähnlich, auf den Märkten werden baskische Spezialitäten wie der leckere Kuchen *Gateau basque*, die zarten Bayonner Schinken oder die scharfen Piments aus Espelette verkauft. *Le Pays Basque*,

Links oben: *Dieses rund 2000 Jahre alte Bild der Männlichkeit in Bronze ist im Musée d'Aquitaine in Bordeaux zu sehen*
Links unten: *Um Cognac zu kreieren, muss man den Überblick behalten, denn nur die richtige Mischung aus sorgfältig gelagerten Weinbränden schafft das Aroma*
Rechts: *Inmitten preisgekrönter Weingärten liegt Château du Cos d'Estournel im Médoc*
Unten: *Im Parc du Futuroscope bei Poitiers hat die Zukunft längst begonnen – wie nicht zuletzt ein Blick auf die facettenreiche Wand aus 819 Bildschirmen beweist*

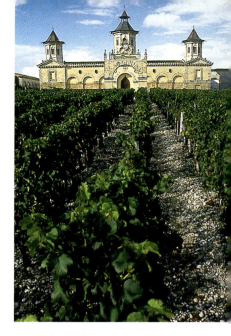

das Baskenland am Fuß der Pyrenäen setzt einen farbigen Schlusspunkt unter die so liebenswerte, facettenreiche französische Atlantikküste.

Der Reiseführer

Dieser Band stellt die Urlaubsregion Französische Atlantikküste mit ihren Landschaften und Sehenswürdigkeiten von Nord nach Süd in *fünf Kapiteln* vor. Den Auftakt bildet die reiche Stadt Poitiers, über die man die **Vendée** südlich der Loiremündung erreicht, anschließend wird der **Küstenbereich** von **La Rochelle** bis zur **Girondemündung** beschrieben mit Ausflügen zu lohnenden Zielen im Hinterland. Es folgt ein Kapitel über **Bordeaux**, die Metropole Aquitaniens, und das reizvolle, vom Weinbau geprägte Département **Gironde**. Dann wird der herrliche Küstenstreifen **Côte d'Argent**, die Silberküste, vorgestellt, der nahtlos übergeht ins abwechslungsreiche **Baskenland**. Den Besichtigungspunkten sind

Praktische Hinweise mit Anschriften von Touristenbüros, Hotels und Restaurants angefügt. **Übersichtskarten** und **Stadtpläne** erleichtern die Orientierung. Auf ausgewählte Hotels, Restaurants und Strände, auf besonders sehenswerte Kirchen und Museen etc. verweisen die **Top Tipps**. In **Französische Atlantikküste aktuell A–Z** finden sich in alphabetischer Reihenfolge alle nützlichen Informationen für die Reiseplanung und -durchführung. Hinzu kommt ein praktischer **Sprachführer**. Mehrere **Kurzessays** zu speziellen Themen runden den Reiseführer ab.

Geschichte, Kunst, Kultur im Überblick
Von langen Kriegen und harten Glaubenskämpfen

40 000–10 000 v. Chr. Felsbilder, Werkzeug- und Knochenfunde, etwa in den Grottes d'Isturits et d'Oxocelhaya südöstlich von Bayonne, zeugen von der frühen Besiedlung durch Cro-Magnon-Menschen.

1000–600 v. Chr. Kelten (Gallier) aus Mitteleuropa erobern das heutige Frankreich bis zur Atlantikküste.

56 v. Chr. Im Auftrag von Gaius Julius Caesar erobert der römische Feldherr Marcus Linicius Crassus das Land von den Pyrenäen bis zur Mündung der Loire. Die südliche Atlantikküste wird Teil der Provinz Aquitania. Aus römischer Zeit sind in dieser Gegend u. a. das Amphitheater und der Germanicus-Bogen in Saintes erhalten.

411 n. Chr. Westgoten wandern von Mitteleuropa nach Spanien, einige lassen sich unterwegs in Aquitanien nieder. Die Christianisierung des Landes beginnt. Zu den ältesten christlichen Baudenkmälern gehört das um 360 erbaute Baptisterium St-Jean in Poitiers.

507 Westgoten und Franken erheben Ansprüche auf Aquitanien, das von den Pyrenäen bis etwa zur Garonne reicht. Nordwestlich von Poitiers schlagen die Franken unter Chlodwig I. das westgotische Heer Alarichs II. vernichtend.

Ende 6. Jh. Vasconen, Vorfahren der Basken, lassen sich am nördlichen Fuß der Pyrenäen nieder. Über die Herkunft dieser mit keiner anderen Volksgruppe verwandten Ethnie gibt es nach wie vor keine gesicherten Erkenntnisse.

7. Jh. Aquitanien untersteht zwar formal dem fränkischen König Dagobert I., entwickelt sich aber de facto zu einem nahezu souveränen Herzogtum.

ab 711 Araber dringen von Spanien aus über Garonne und Dordogne bis zur Loire vor. Der Herzog von Aquitanien erbittet Hilfe gegen die Sarazenen von dem fränkischen Hausmeier Karl Martell.

732 Karl Martell besiegt die Araber in der Schlacht von Tours und Poitiers. Das Herzogtum Aquitanien untersteht fortan wieder dem Fränkischen Reich.

778 In sieben Feldzügen schiebt der fränkische Herrscher Karl der Große die Grenzen seines christlichen Reiches immer weiter ins maurische Spanien vor. Bei einer dieser Aktionen führt Karls Neffe Roland die Nachhut. Sie wird in den Pyrenäen beim Pass von Roncevaux von Basken angegriffen und vollkommen aufgerieben. Das ›Rolandslied‹, erstes Epos der mittelalterlichen Literatur, berichtet davon.

9. Jh. Normannen (Wikinger) dringen mit schnellen, wendigen Langschiffen flussaufwärts, z. B. entlang der Charente und Garonne, tief ins Landesinnere vor. Auf ihren Raubzügen brandschatzen sie Klöster und Städte wie Saintes, Bordeaux oder Dax.

ab 950 Über Südwestfrankreich und die Pyrenäen pilgern jährlich bis zu 500 000 Menschen ins nordwestspanische Santiago de Compostela zum dort entdeckten Grab des Apostels Jakobus. Die Routen, denen die Gläubigen folgen, nennt man ›Jakobswege‹. An ihnen entstehen zur Versorgung der Pilger zahlreiche Kirchen, Klöster und Hospize, z. B. in Aulnay, Soulac oder in St-Jean-Pied-de-Port.

1058 Guillaume VIII., Graf von Poitiers, erlangt zusätzlich die Herrschaft über die Herzogtümer Aquitanien und Gascogne.

11. Jh. In Aquitanien entsteht als Vorläuferin der Minne die Troubadour-Lyrik (bis etwa 13. Jh.). Dabei besingt ein fahrender Musikant, der Troubadour, erstmals in der Landessprache, dem Okzitanischen, seine Liebe zu einer vornehmen, für ihn unerreichbaren Dame.

1137 Aliénor d'Aquitaine, Eleonore, Herzogin von Aquitanien, heiratet den französischen Thronfolger, der als Louis VII. König von Frankreich wird.

1152 Auf Betreiben Aliénors erklärt Papst Eugen III. die Ehe wegen zu naher Blutsverwandtschaft für ungültig. Noch im selben Jahr heiratet die Herzogin Henri Plantagenêt, Herzog der Normandie und der Bretagne, der zugleich Graf von Maine, Touraine und Anjou ist.

1154 Henri Plantagenêt erbt und wird als Henry II. König von England. Dadurch gewinnt die englische Krone sowohl Henrys als auch Aliénors Ländereien, besitzt also nun Westfrankreich von der Normandie bis zu den Pyrenäen.

1154–1453 Drei Jahrhunderte lang beeinflusst England Aquitaniens Geschicke. Die großen Hafenstädte La Rochelle und Bordeaux blühen, u. a. durch den Weinhandel, unter englischer Hoheit auf. Gleichzeitig versuchen jedoch die französi-

Für Gott und Vaterland – Jeanne d'Arc wusste, wofür sie 1429 so tapfer kämpfte

schen Könige, ihre verlorenen Territorien im Südwesten Frankreichs zurückzugewinnen, die englischen halten ihre Erbansprüche dagegen – beide mit Waffengewalt.

1338–1453 Als letzte Phase dieser beständigen Auseinandersetzungen entbrennt der Hundertjährige Krieg, entfacht durch einen Erbstreit. Der französische König Charles IV. stirbt kinderlos und sowohl der englische Regent Edward III. als auch der Franzose Philippe VI. von Valois halten sich für den legitimen Thronfolger.

1356 In der Schlacht von Maupertuis steht das Kriegsglück auf Seiten der Engländer und der gegnerische König Jean le Bon wird gefangengenommen. In der Folge erlebt Frankreich Jahrzehnte der Zerrissenheit und des Zerfalls.

1429 Das Blatt wendet sich dank der Lothringerin Jeanne d'Arc. Sie glaubt, in göttlichem Auftrag zu handeln, als sie das französische Heer von Sieg zu Sieg führt und schließlich Charles VII., den französischen Thronanwärter, zur Königskrönung nach Reims bringt.

1453 In der letzten Schlacht des Hundertjährigen Krieges werden die englischen Truppen bei Castillon-la-Bataille an der Dordogne vernichtend geschlagen. Damit fällt Aquitanien endgültig an das französische Königshaus.

1475 Mit dem Frieden von Picquigny endet der Hundertjährige Krieg auch offiziell. Es folgt ein weitgehend friedliches Jahrhundert, in dem Handel, Wirtschaft und Kultur sich von den Kriegsschäden erholen.

1534 Der reformatorische Prediger Johannes Calvin lehrt in Poitiers.

1562 Glaubensstreitigkeiten zwischen französischen Protestanten (Hugenotten) und Katholiken führen zu einer Reihe von grausam ausgetragenen Bürgerkriegen, den Hugenottenkriegen.

1572 Die verfeindeten religiösen Lager soll die Hochzeit des protestantischen Henri von Navarra mit der Königstochter Margarete von Valois versöhnen. Zu diesem Anlass kommen Tausende Hugenotten ins katholische Paris. Angestiftet von Königinmutter Catarina de Medici werden die meisten von ihnen in der ›Bartholomäusnacht‹ vom 23. auf den 24. August erschlagen.

1589 Obwohl Protestant, erbt Henri von Navarra als Henri IV. den französischen Königsthron. Aus politischen Erwägungen konvertiert er zum Katholizismus.

1598 Henri IV. beendet die Hugenottenkriege durch das Toleranzedikt von Nantes. Danach dürfen Protestanten ihre Religion in einigen Städten frei ausüben, etwa in ihrer Hochburg La Rochelle.

1628 Louis XIII. verfolgt erneut eine Politik der religiösen Konfrontation. Sein Kardinal Richelieu belagert das protestantische La Rochelle. Trotz erbitterten Widerstands muss die Stadt nach schweren Verlusten kapitulieren.

1660 In St-Jean-de-Luz findet die glanzvolle Hochzeit von Louis XIV. mit der spanischen Infantin Maria Theresa statt.

1685 Louis XIV. hebt das Toleranzedikt von Nantes auf, woraufhin Hunderttausende verfolgter Protestanten das Land verlassen – ein schwerer wirtschaftlicher Verlust für Frankreich.

17. Jh. Um gegen die vermeintliche Bedrohung durch England gewappnet zu sein, lässt man mächtige Festungen bauen, unter Louis XIII. etwa die großen Zitadellen von Brouage und Château

Der scharfsinnige Denker Montesquieu entwickelte die Idee der Gewaltenteilung

d'Oléron. Für Louis XIV. errichtet Sébastien le Prestre de Vauban u.a. die Anlagen von Blaye und Fort Médoc.

1689 Charles-Louis de Secondat, Baron de la Brède et de Montesquieu, einer der bedeutendsten Theoretiker der Aufklärung, wird im Schloss La Brède südlich von Bordeaux geboren (†1755).

18. Jh. Die Hafenstädte an der Atlantikküste erleben dank des Handels mit den Kolonien eine wirtschaftliche Blüte. Bordeaux wird zum wichtigsten Wirtschaftshafen Frankreichs. Gleichzeitig leben nach wie vor große Teile des einfachen Volkes in bitterer Armut.

1788–1867 Die Behörden forsten den unwirtlichen Küstenstreifen zwischen der Girondemündung und Bayonne mit Seekiefern auf. Die Bäume stoppen die Sandverwehungen, liefern Holz und werden zur Harzgewinnung genutzt.

1789 Die Französische Revolution bricht aus und wird zunächst von der Mehrzahl der Bevölkerung begrüßt. Gewaltexzesse der Revolutionäre, die Hinrichtung König Louis XVI. und Priesterverfolgungen führen zu konterrevolutionären, jedoch erfolglosen Volksaufständen mit Zentrum in der konservativen und königstreuen Vendée.

1793 In der 1791 eingerichteten Nationalversammlung bilden die Abgeordneten aus der Gironde-Region, die Girondisten, anfangs eine wichtige Fraktion. Sie können ihre gemäßigten, föderalistischen Ideen jedoch nicht gegen die radikalen Jakobiner durchsetzen. Schließlich beschuldigt man sie der Verschwörung gegen die Republik und richtet 22 Abgeordnete in Bordeaux hin.

1799 In einem Staatsstreich macht sich General Napoleon Bonaparte zum ersten von drei Konsuln, die das Land regieren. 1802 wird der ›große kleine Korse‹ Konsul auf Lebenszeit.

1803 Außenpolitische Streitigkeiten und konkurrierende Kolonialpolitik führen zu einem neuerlichen Krieg zwischen Frankreich und England.

1804 Napoleon Bonaparte krönt sich selbst zum ›Kaiser der Franzosen‹.

1814 Die englische Armee unter Arthur Wellington dringt in die Gascogne ein, rückt bis Toulouse vor und besiegt dort die französischen Truppen.

1815 Napoleon I. muss abdanken und wird auf die britische Insel St. Helena, rund 1800 km vor der südwestafrikanischen Küste, verbannt.

1870/71 Im Deutsch-Französischen Krieg verlegen

◁ *›Pariser Bluthochzeit‹ wird die ›Bartholomäusnacht‹ von 1572 auch genannt*

Nachdem er sich 1804 zum Kaiser gekrönt hat, ehrt Napoleon I. seine Frau Josephine

französische Regierung und Nationalversammlung ihren Sitz vorübergehend von Paris nach Bordeaux.

1876 Der französische Weinbau gerät in eine schwere Krise, als die aus Nordamerika eingeschleppte Reblaus (Phylloxera) sich im Bordelais verbreitet und dort die meisten Rebstöcke zerstört.

19. Jh. Da der Südwesten Frankreichs keine Kohlevorkommen besitzt, entsteht dort kaum Industrie. Besonders die Bergregionen Baskenland und Béarn bleiben arm, viele Familien wandern aus.

1914–18 Während des Ersten Weltkrieges flieht die französische Regierung erneut aus Paris nach Bordeaux.

1939–45 Im Zweiten Weltkrieg wird Bordeaux zum dritten Mal provisorischer Sitz einer französischen Regierung, bis deutsche Truppen die Atlantikküste aufgrund des Waffenstillstandsvertrags vom Juni 1940 bis zur spanischen Grenze besetzen und befestigen.

1944 Am 6. Juni landen alliierte Streitkräfte in der Normandie. Im Südwesten können sich deutsche Verbände in einzelnen Städten halten. Die Folge ist, dass z.B. das schöne alte Seebad Royan durch einen englischen Fliegerangriff 1945 völlig zerstört wird.

1950 Erdgasvorkommen werden bei Lacq am Fuß der Pyrenäen, Erdölvorkommen bei Parentis in der Region Landes entdeckt und gefördert.

1959 ›Euskadi ta Askatasuna‹, ›Baskenland und Freiheit‹, lautet das Motto der sich formierenden baskischen Separatistenorganisation ETA.

1972 Die Gebietsreform weist an der südlichen Atlantikküste zwei Regionen aus: Aquitaine besteht aus den vier Départements Pyrénées-Atlantique, Landes, Gironde und Dordogne, während Charente und Charente-Maritime die Region Poitou-Charentes bilden. Die Vendée wird verwaltungstechnisch dem Pays-de-Loire zugeteilt.

1992 Der Hochgeschwindigkeitszug ›TGV Atlantique‹ legt die rund 500 km lange Strecke Paris – Bordeaux in weniger als drei Stunden zurück.

1998 Die UNESCO erklärt zahlreiche Baudenkmäler entlang der alten Jakobspilgerwege in Frankreich zum Weltkulturerbe, darunter die Basilique St-Michel und die Cathédrale St-André in Bordeaux.

2002 Vor der spanischen Küste sinkt der Öltanker Prestige, das austretende Öl bedroht auch die französische Atlantikküste, die präventiv durch Ölsperren geschützt wird.

2004 In St. Pierre d'Irube im französischen Baskenland werden zwei führende Mitglieder der baskischen Terrororganisation ETA verhaftet und ein unterirdischer Schießstand entdeckt.

2005 Der Franzose Vincent Riou gewinnt in der Rekordzeit von 87 Tagen, 10 Stunden und 47 Minuten die 5. Vendée Globe, die härteste Regatta der Welt im Einhandsegeln: 48 000 km ohne Zwischenstopp von Les Sables d'Olonne um die Antarktis und wieder zurück.

2007 Mit Ségolène Royal bewirbt sich erstmals eine Frau um die französische Präsidentschaft. Sie ist die Kandidatin der Parti Socialiste für die am 22. April 2007 stattfindenden Präsidentschaftswahlen.

Unglaubliche Dimensionen – die riesenhafte Düne von Pilat bringt einen Hauch von Sahara an die Französische Atlantikküste

Unterwegs

Poitiers und La Vendée – zwischen Marsch und Meer

Einem Tor zum Süden gleicht **Poitiers**, die alte Jakobspilgerstadt mit ihren vielen romanischen Kirchen, über die man von Osten her die sonnige Atlantikküste in der ländlich geprägten Region Vendée erreicht. Diese **Côte de Lumière**, die ›Küste des Lichts‹, wurde im Laufe der Jahrhunderte von Wind und Wellen modelliert und durch Sandverwehungen verändert. Inseln wurden zu Halbinseln und Häfen verlandeten. Dieselben Phänomene bescherten der Region aber auch herrliche Sandstrände, die Städte wie **Les Sables d'Olonne** oder **St-Gilles-Croix-de-Vie** zu beliebten Seebädern und Ferienorten machten. Badeurlauber schätzen daneben die **Île de Noirmoutier**, deren Salinen, Austernbänke und Fischerhäfen zu einem Besuch einladen, sowie die etwas herbere **Île d'Yeu**, die entlang ihrer steilen Klippen zum Radeln und Wandern geradezu prädestiniert scheint.

Das Binnenland der Vendée ist durch die *Bocage* geprägt, durch Hecken und Gebüsche voneinander getrennte Weideflächen, sowie durch *Marais* genanntes Sumpfland. Am berühmtesten ist das schon teilweise zum Département Charente-Maritime gehörende **Marais Poitevin** beiderseits des Flüsschens Sèvre Niortaise. In diesem Naturpark kann man herrliche Kahnfahrten unternehmen, auf schmalen Straßen zu malerischen Marais-Dörfchen radeln oder in alten Abteien der Geschichte nachspüren.

1 Poitiers *Plan Seite 21*

Die ›Stadt der 100 Kirchen‹: ein Bilderbuch romanischer Baugeschichte.

Die Hauptstadt der Region Poitou-Charentes, rund 280 km südwestlich von Paris, wird aufgrund ihrer Lage oft als ›Tor zum Süden‹ bezeichnet.

Geschichte Die unter Gaius Julius Caesar im 1. Jh. v. Chr. der Provinz Aquitania einverleibte keltische Siedlung entwickelte sich zu einem blühenden römischen Zentrum namens Limonum mit Tempeln, Amphitheater und Thermen. Früh konnte sich das **Christentum** durchsetzen, im 4. Jh. wurde der hl. Hilarius erster Bischof der Stadt. Die thüringische Prinzessin Radegunde zog sich 559 nach ihrer Trennung von Frankenkönig Chlotar I. nach Poitiers zurück und gründete hier das Frauenkloster Ste-Croix. Für die Entwicklung des christlichen Europa war die Schlacht nordöstlich von Poitiers entscheidend, in der Karl Martell 732 die Araber besiegte und damit eine weitere Verbreitung des Islam in Europa verhinderte.

Im 10. Jh. gewann Poitiers als **Hauptstadt** des Herzogtums Aquitanien an Bedeutung. Damals entstanden das Schloss der Grafen von Poitou, von dem heute nur noch Reste erhalten sind, die großen Kirchen Notre-Dame-la-Grande, Ste-Radegonde, St-Hilaire-le-Grand, St-Jean-de-Montierneuf und um 1200 die neue Kathedrale. Auf die Fülle von Gotteshäusern geht auch der Beiname ›Stadt der 100 Kirchen‹ zurück.

Während des **Hundertjährigen Krieges** unterstand Poitiers abwechselnd englischer und französischer Hoheit, was Brandschatzungen und Zerstörungen verursachte, erlebte jedoch unter Herzog Jean de Berry (1340–1416) eine neuerliche Blüte. Charles VII. gründete 1432 in der Stadt eine **Universität**, deren vier Fakultäten Theologie, Jura, Medizin und Kunst schnell Ansehen erlangten. Heute zählt diese Alma mater rund 24 000 Studenten.

Mehr als 70 Kirchen besaß Poitiers vor den Religionskriegen, die im 16. Jh. einen

1 Poitiers

Schon von außen offenbart sich die hervorragend erhaltene Église Notre-Dame-la-Grande als Meisterwerk der romanischen Bau- und Steinmetzkunst

wirtschaftlichen und kulturellen Niedergang mit sich brachten. Von ihm hat sich die Stadt erst nach dem Zweiten Weltkrieg erholt. 1961 wurde das nunmehr 100 000 Einwohner zählende Poitiers Hauptstadt der Région Poitou-Charentes.

Besichtigung Das überschaubare historische Zentrum liegt kompakt auf einer von Clain und Boivre umflossenen Anhöhe. Hauptsehenswürdigkeit ist **TOP TIPP** die eher kleine **Église Notre-Dame-la-Grande** ❶, deren Fassade aus dem 12. Jh. ein Höhepunkt romanischer Kirchenbaukunst ist. Sie besteht aus warm wirkendem, cremefarbenen Stein. Zwei Säulentürmchen, deren Dachform an Kiefernzapfen erinnern, flankieren die überreich mit Skulpturen geschmückte Front. Die dreigeschossige steinerne *Bilderbibel* beginnt mit Adam und Eva im Fries über dem dreibogigen Eingangsportal und führt über die Verkündigung bis zu Christi Geburt, um nur einen Teil der Szenen zu nennen. Darüber stehen Figuren der zwölf Apostel sowie der Bischöfe Hilarius und Martin, überragt von Christus in der Gloriole. Bei der letzten Restaurierung entdeckte Spuren lassen vermuten, dass die Fassade im Mittelalter farbig gefasst war. Eine Vorstellung von diesem für uns ungewohnten Anblick gibt im Sommer die spätabendliche Lichtshow *Les Polychromies*, bei der die Westwand effektvoll koloriert wird. Nach Restaurierungsarbeiten erstrahlt die Kirche heute in neuem Glanz.

Im **Innern** wirkt die ohne Querschiff erbaute dreischiffige Hallenkirche dunkel, das schwere Tonnengewölbe erforderte massive Stützsäulen und erlaubte keine Wandöffnungen. Im etwas erhöhten, über einer Krypta liegenden Chor thront eine Statue der *Notre-Dame-des-Clés*, die bei Kummer helfen soll.

Der **Palais de Justice** ❷, ein äußerlich unspektakulärer Bau des 19. Jh. (Mo–Fr 8.45–12 und 13.45–17.30 Uhr), umfasst die erhaltenen Teile des einstigen Schlosses der Grafen von Poitou (12./13. Jh.). Beachtenswert sind vor allem der Burgfried *Tour Maubergeon* sowie die von Aliénor d'Aquitaine erbaute, 50 x 17 m große, mit prächtigen Kaminen und überdimensionalen Fenstern an der Giebelwand ausgestattete *Salle des Pas Perdus*.

Über die alte Grand' Rue erreicht man die mächtige, 1166 begonnene **Cathé-**

Poitiers

Bei entsprechendem Lichteinfall bringen die kolorierten Säulen etwas Farbe in den ansonsten eher zurückhaltenden Innenraum der Église Notre-Dame-la-Grande

drale **St-Pierre** ❸. Im Stil angevinischer Gotik – mit bauchigem Kreuzrippengewölbe, verstärkten Seitenmauern und flachem Chorhaupt – wurde der harmonische dreischiffige Bau errichtet. Sehenswert sind die Bibelszenen zeigenden Glasfenster (12./13. Jh.), das geschnitzte gotische Chorgestühl und die Orgel von 1791.

Östlich der Kathedrale steht die frühmittelalterliche, im 13./14. Jh. umgebaute Wallfahrtskirche **Ste-Radegonde** ❹, deren romanischer Glockenturm einen kunstvollen spätgotischen Portalvorbau besitzt. In der Krypta unter dem Chor befindet sich das *Grabmal der hl. Radegundis*, der Schutzheiligen der Stadt.

Rue de la Mauvinière und Rue Ste-Croix führen zum **Baptistère St-Jean** ❺ (April–Sept. Mi–Mo 10.30–12.30 und 15–18 Uhr, Juli/Aug. auch Di; Okt.–März Mi–Mo 14.30–16.30 Uhr), einem der ältesten christlichen Baudenkmäler Frankreichs. Die Taufkapelle wurde Mitte des 4. Jh. auf Grundmauern römischer Gebäude errichtet, die im Innern noch zu sehen sind, und in karolingischer und romanischer Zeit zur Kirche ausgebaut. Die Wandmalereien zeigen u. a. Christi Himmelfahrt und werden auf das 12./13. Jh. datiert. Eine Sammlung merowingischer Steinsärge stammt aus dem 5.–7. Jh.

Das **Musée Ste-Croix** ❻ (3 bis, rue Jean-Jaurès, Tel. 05 49 41 07 53, www.musees-poitiers.org, Juni–Sept. Mo 13.15–18, Di–Fr 10–12 und 13.15–18, Sa/So 10–12 und 14–18 Uhr, Okt.–Mai Mo 13.15–17, Di–Fr 10–12 und 13.15–17, Sa/So 14–18 Uhr) gegenüber bewahrt Schätze romanischer Kunst. In der archäologischen Abteilung kann man die berühmte *Minerva von Poitiers* bewundern, eine römische Marmorstatue aus dem 1./2. Jh., die Skulpturensammlung zeigt u. a. ›Die drei Grazien‹ von Aristide Maillol und Werke von Auguste Rodin.

Ein Abstecher nach Südwesten führt zur **Église St-Hilaire-le-Grand** ❼ (11. Jh.). Hinter dem schmucklosen Portal der im 12. und 19. Jh. umgebauten Kirche verbirgt sich ein ungewöhnlicher, siebenschiffiger Innenraum mit zahlreichen Säulen unterschiedlichster Stärke. Die dem Mittelschiff nächstgelegenen, besonders hohen und schmalen Seitenschiffe stützen die drei Kuppeln, die das Langhaus

1 Poitiers

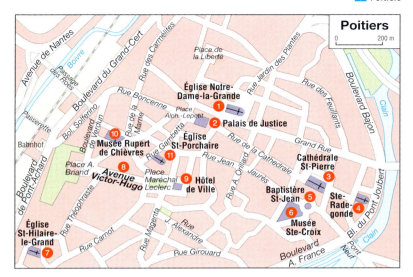

im Zentrum überwölben. Schöne, ins 11. Jh. datierte Kapitelle schmücken die Säulen. Im Nordwesten des Querhauses z. B. sieht man den Tod des hl. Hilarius.

Am Ende der **Avenue Victor-Hugo** ❽ kann man über die Place Maréchal Leclerc hinweg einen Blick nach rechts auf die Fassade des Rathauses **Hôtel de Ville** ❾ werfen, das 1875 von Antoine Gaëtan Guérinot erbaut wurde. Sein breitgelagerter Baukörper mit monumentalen Fensterachsen zeigt deutliche Rückbezüge auf die klassisch-elegante Palastarchitektur François Mansarts (17.Jh.). Akzente setzen der vornehm dekorierte Mittelrisalit mit grazilem Rathausturm und die

Würdevoll präsentiert sich das Hôtel de Ville von Poitiers mit seiner elegant dekorierten Fassade im Stil der Neorenaissance

Poitiers

kraftvoll gegliederten Seitenflügeln mit ihren hohen Mansarddächern.

Linker Hand liegt das **Musée Rupert de Chièvres** ⑩ (9, rue Victor-Hugo, Tel. 05 49 41 42 21, www.musees-poitiers.org, Juni–Sept. Mo 13.15–18, Di–Fr 10–12 und 13.15–18, Sa/So 10–12 und 14–18 Uhr, Okt.–Mai Mo 13.15–17, Di–Fr 10–12 und 13.15–17, Sa/So 14–18 Uhr), das u. a. eine reiche Porzellansammlung aus Sèvres, China, Japan und Sachsen besitzt. Über der Fußgängern vorbehaltenen Rue Gambetta erhebt sich der romanische Glockenturm (Ende 11. Jh.) der **Église St-Porchaire** ⑪ (16. Jh.). Unter dem Chor der doppelschiffigen Kirche befindet sich eine kleine romanische Krypta.

Futuroscope

10 km nördlich von Poitiers liegt der Freizeitpark **Futuroscope** (Tel. 05 4 59 49 11 12, www.futuroscope.fr, tgl. 10–18.30 Uhr, im Sommer bis zum Sonnenuntergang). Der futuristisch anmutende Park stellt in kühner Architektur neue Technologien für Film und Kommunikation vor. An die Zacken eines Bergkristalls erinnert das **Kinemax**, dessen 600 m² große Leinwand alles bisher Gesehene in den Schatten stellt. Im **Omnimax** werden die Filme auf eine Kuppel projiziert. Nervenkitzel und Gänsehaut kann man im *3-D-Kino*, im *360°-Kino*, im *Tapis Magique* mit Europas größter Doppelkinoleinwand oder im **Cinéma Dynamique** erleben, in dem Zuschauer auf beweglichen Sesseln ins Filmgeschehen integriert werden. Kein Wunder, dass der Filmpark bereits über 30 Mio. Besucher anzog.

ℹ Praktische Hinweise

Information

Office de Tourisme, 45, place Charles de Gaulle, Poitiers, Tel. 05 49 41 21 24, Fax 05 49 88 65 84, www.ot-poitiers.fr.

Hotels

**Le Plat d'Etain, 7–9, rue du Plat d'Etain, Poitiers, Tel. 05 49 41 04 80, Fax 05 49 52 25 84, www.hotelduplatdetain.com. Freundliches, kleineres Haus in der Altstadt in einer ehem. Posthalterei.

**L'Europe, 39, rue Carnot, Poitiers, Tel. 05 49 88 12 00, Fax 05 49 88 97 30, www.hotel-europe-poitiers.com. Zentral gelegenes, gepflegtes Hotel.

Restaurant

Le Poitevin, 76, rue Carnot, Tel. 05 49 88 35 04. Gediegene Atmosphäre und gute Küche, die Spezialitäten des Poitou bietet, etwa Farci poitevin, Schweinefleisch mit Spinat, Zwiebeln und Speck.

2 Puy du Fou

Aufwendiges Historienspiel und Touristenspektakel im Land der Windmühlen.

Im Hügelland der Vendée, den *Collines Vendéennes* hat nahe dem Örtchen *Épesses* eine der größten touristischen Attraktionen der Atlantikküste ihre Heimat. Das im 15./16. Jh. auf einer Anhöhe erbaute **Château du Puy du Fou** wurde während der Vendéekriege im 18. Jh. teilweise zerstört. Erhalten ist u. a. ein hübscher Pavillon, durch den man einen Seitenflügel betritt. Vor dieser Kulisse wird in den Sommermonaten seit 1978 jeden Freitag- und Samstagabend das historische Freilichtspektakel ›La CinéScénie‹ (30, rue Georges Clémenceau, Les Épesses, Tel. 02 51 64 11 11, Fax 02 51 57 35 47, www.puydufou.com, Ende Mai–Sept. Fr/Sa 22 bzw. 22.30 Uhr) aufgeführt. Darin geht es um Jacques Maupillier, einen fiktiven Bauern in der Vendée, anhand dessen bewegten Lebens die Geschichte der Region vorge-

Blecharmee mit Herz – das Futuroscope verbindet Gegenwart und Zukunft

2 Puy du Fou

Die mittelalterliche Stadt Puy du Fou lädt zu einer Zeitreise ein

führt wird. Etwa 1000 Laiendarsteller kommen in der effektvoll mit Wasserspielen, Lichtshow und Pferdeeinsatz inszenierten Darbietung zum Einsatz. Obgleich mehr als 10 000 Zuschauerplätze zur Verfügung stehen, muss man monatelang im Voraus reservieren, um Eintrittskarten zu bekommen.

Der große, neben dem Schloss eingerichtete Freizeitpark **Le Grand Parc** (Tel. 02 51 64 11 11, www.puydufou.com, Ende April/Mai, Sept. Sa/So 10–19 Uhr, Juni Di, Do–So 10–19 Uhr, Juli/August tgl. 10–19 Uhr) mit Wasserspielen, Arboretum und Rosengarten setzt ebenfalls historische Schwerpunkte: U. a. wurde ein mittelalterliches Stadtviertel mit Holzwerkstatt und Gerberei nachgebaut. Besonders interessant sind die Falknerei mit Flugshows der Raubvögel und Ritterspielen nachempfundenen Reitvorführungen. An Samstagen herrscht übrigens wegen des Historienspiels enormer Andrang.

Die Hügel der Vendée

Einen fantastischen Blick über die Vendée bis zum Meer hat man vom höchsten Punkt des Départements, dem Kirchturm (194 Stufen) von **St-Michel-Mont-Mercure**, knapp 100 km von der Küste entfernt.

Seinen Turm ziert eine 9 m hohe Kupferfigur des Erzengels Michael, der mit dem Teufel in Gestalt eines Drachen kämpft.

Sehr beschaulich gibt sich das Örtchen **Pouzauges** 6 km südöstlich. Seine Häuser ziehen sich terrassenförmig den Hang hinauf, der von einer mächtigen *Burgruine* aus dem 12. Jh. überragt wird. Im Zentrum lohnt die **Église St-Jacques** am weiträumigen Kirchplatz einen Besuch. Langhaus und Querschiff sind romanisch, der schöne Chor ist gotisch. Ca. 1,5 km südöstlich zeigt die Nordwand der kleinen romanischen **Église Notre-Dame-du-Vieux-Pouzauges** fein gearbeitete Fresken aus dem 13. Jh. Seit dem 12. Jh. wacht ein Bergfried über die Stadt.

Jahrhundertelang galten die Collines Vendéennes als Land der Windmühlen. Drei der einst so zahlreichen Mühlen sind am **Mont des Alouettes**, einer 230 m hohen Kuppe an der zur Küste führenden N 160, erhalten. Sie sind typisch für die Vendée: zylindrische Steintürme, die ein die Flügel tragender, schindelgedeckter Spitzkegel bedeckt.

Praktische Hinweise

Information

Office de Tourisme, 28, place de l'Église, Pouzauges, Tel. 02 51 91 82 46, Fax 02 51 57 01 69, www.paysdepouzauges.com

2 Puy du Fou

Wimpel wehen, Rosse schnauben. Diese mitreißende Kavalkade von Rittern und Akrobaten ist eine der Attraktionen des Historienspiels vor dem Puy du Fou

Hotel
**La Bruyère, 18, rue du Dr. Barbanneau, Pouzauges, Tel. 02 51 91 93 46, Fax 02 51 57 08 18, www.aubergedelabruyere.fr. Oberhalb des Ortes gelegenes Haus, das von seiner Terrasse ein herrliches Panorama auf das grüne Umland bietet.

3 Île de Noirmoutier

Die Insel der Salzgärten und Mimosen ist wie geschaffen zum Fahrradfahren.

Flach ist die 20 km lange und maximal 7 km breite Insel, die ähnlich einer Landzunge den Südwesten der *Baie de Bourgneuf* abriegelt. Weite, dem Meer abgerungene Flächen und ausgedehnte Salzgärten prägen das rund 58 km² große Eiland. Das milde Klima lässt Mimosen, Feigen und Steineichen gedeihen, der angenehm frische Meerwind sorgt dafür, dass es auch im Hochsommer nie drückend heiß wird. Besucher finden auf Noirmoutier malerische Buchten und lange Sandstrände, die auf der Westseite ein Dünengürtel vor dem Ozean schützt.

Bis 1971 die mittlerweile mautfrei zu befahrende Brücke von der Pointe de la Fosse im Süden der Insel zum gegenüberliegenden Fromentine geschlagen wurde, war der **Passage du Gois** (*goiser* = durchs Wasser waten) die einzige Zufahrt. Es handelt sich dabei um eine 4,5 km lange Plattenstraße durchs Meer, die die Île de Noirmoutier im Südosten mit dem Festland bei Beauvoir-sur-Mer verbindet – allerdings nur bei Ebbe. Ein spannendes Schauspiel bietet sich hier täglich, wenn das zurückweichende Meer Straße und Schlick freigibt, den dann Scharen von *Pêcheurs à pieds* [s. S. 132] auf der Suche nach Muscheln durchharken. Wenn die Flut wieder steigt, kehren Ausflügler auf die Insel oder das Festland zurück. Wer doch vom Wasser überrascht wird, muss sich auf eine der Rettungsbaken flüchten und dort bis zur nächsten Ebbe ausharren. Ehe man die Passage du Gois befährt, sollte man also unbedingt die elektronischen Hinweistafeln mit den Gezeitenständen am Ufer beachten.

Geschichte Megalithfunde zeugen von prähistorischer Besiedlung, an die gallo-römische Zeit erinnern Fundamente einer bei Vieil im Norden der Insel entdeckten Villa. Mit Ankunft des Mönchs **Philbert** im 7. Jh. und seiner Klostergründung *Heri Monasterium* im heutigen Hauptort Noirmoutier-en-l'Île schritt die Besiedlung des Eilands fort. Die Benediktinermönche kultivierten das Land, legten Salinen an und bauten Windmühlen, flüchteten jedoch vor wiederholten Normanneneinfällen schließlich mit den Reliquien des hl. Philbert nach Burgund. Der

Salzhandel mit Holland und England brachte der Insel im 13.–19. Jh. einen gewissen Wohlstand. Heute leben die etwa 10 000 Einwohner von Noirmoutier überwiegend von den Sommergästen.

Besichtigung Eine mächtige Festungsanlage vom Ende des 12. Jh. dominiert den im Nordosten der Insel gelegenen Hauptort **Noirmoutier-en-l'Île**. Von ihr sind die Wehrmauer und der trutzige rechteckige Donjon mit vier Ecktürmchen erhalten. Letzterer beherbergt das **Musée du Château** (wegen Restaurierung geschlossen), das eine Sammlung zur Lokalgeschichte – Trachten, alte Gerätschaften und eine Dokumentation über die Vendéekriege – sowie englische Fayencen aus dem 18./19. Jh. zeigt. Von der Terrasse des Donjon hat man einen schönen Blick über den Ort und die ihn umgebenden Salinen, die – obwohl nur noch teilweise bewirtschaftet – rund ein Viertel der Inseloberfläche ausmachen.

Die neben dem Schloss aufragende **Église St-Philbert** mit dem stämmigen Kirchturm birgt in der sehr harmonisch wirkenden Krypta (Ende 7. Jh.) den leeren Sarkophag des hl. Philbert. Die Kirche

Die Vendéekriege

Das Emblem der Vendée – ein flammendes Herz, vom Kreuz gekrönt – wählten Ende des 18. Jh. Bauern der Region, als sie sich gegen die Diktatur der revolutionären Jakobiner erhoben. Die grausamen Kämpfe gingen als Vendéekriege in die Geschichte ein.

Die Hinrichtung des französischen Königs **Louis XVI.** am 21. Januar 1793 hatte sowohl viele Franzosen entsetzt, als auch England und Spanien veranlasst, Frankreich den Krieg zu erklären. Als daraufhin der Pariser Konvent, die von einer Minderheit revolutionär gesinnter Bürger gewählte Nationalversammlung, in der Vendée Soldaten rekrutierte, brachen dort 1793 Aufstände aus. Gesteigert wurde die Empörung der konservativ-katholisch eingestellten Vendéens, als die Revolutionäre Geistliche brutal verfolgten. Was als **Bauernaufstand** begann, wurde schnell auch zur Sache des **Landadels**. Die Aufständischen erzielten durch Überraschungsangriffe zunächst schnelle Erfolge. Vor Nantes scheiterten sie jedoch und wurden schließlich bei dem Versuch aufgerieben, Granville in der Normandie zu erobern, wo sie sich Unterstützung aus England erhofft hatten. Während die Revolutionsregierung die Zivilbevölkerung weiter terrorisierte und unter Druck setzte, führten die wenigen verbliebenen Aufständischen den Kampf als **Partisanenkrieg** fort. Im Winter 1794 wurden in der Vendée Tausende von Bauern ermordet, ganze Landstriche von den **Colonnes infernales**, den revolutionären ›Truppen der Hölle‹, gebrandschatzt und verwüstet. Im Juli 1795 gelang es General Lazare Louis Hoche schließlich, die aufständischen Vendéens gewaltsam zu befrieden.

Das kappenartig aufgesetzte Runddach ist typisch für die Mühlen der Vendée

selbst stammt aus verschiedenen Bauphasen: Die Apsis wird ins 12. Jh. datiert, das rechte Seitenschiff ins 14. Jh., Mittel- und linkes Seitenschiff wurden im 17. Jh. errichtet. Als Blickfang hängt das 1802 hergestellte Modell einer mit 50 Kanonen bewaffneten Fregatte über den Köpfen der Gläubigen.

Es lohnt, von Noirmoutier die *Jetée Jacobsen* entlang des Hafenkanals 1,5 km

Île de Noirmoutier

nach Osten bis zum **Fort Larron** zu laufen oder zu radeln, vorbei an glitzernden Salzgärten, in denen man Silberreiher beobachten kann. Von dem Fort, das zur Verteidigung des Hafens gebaut worden war, genießt man einen schönen Blick zurück auf Schloss und Kirche. In einem früheren Salzspeicher (*Salorge*) am Hafen, der 1930–79 als Werft diente, ist das **Musée de la Construction Navale** (Tel. 02 51 39 24 00, 12. Juni–3. Sept. tgl. 10–19 Uhr, 1. April–11. Juni, 4. Sept.–1. Okt. Di–So 10–12.30 und 14.30–18 Uhr) untergebracht, das die Arbeitsgänge beim Holzschiffbau erläutert. Daneben liegt das **Aquarium Sealand** (Tel. 02 51 39 08 11, 24. Juni–5. Sept. tgl. 10–19 Uhr). Hier kann man 250 Fischarten aus atlantischen und pazifischen Gewässern bewundern, ferner Wasserschildkröten, Haie und Robben. Familien mit Kindern werden gerne das **Océanile** (Tel. 02 51 35 91 35, www.oceanile.com, 24. Juni–5. Sept. tgl. 10–19 Uhr) besuchen, dessen Rutschen, Wasserfälle und Wellenbad Spaß für die ganze Familie garantieren.

Östlich von Noirmoutier erstreckt sich der wunderschöne **Bois de la Chaize**, der mit seinen Steineichen, Kiefern und den im Februar blühenden Mimosen fast mediterran wirkt. Der Wald umgibt die geschwungene, von Granitfelsen eingerahmte, sandige Bucht **Plage des Dames**. Von hier aus führt die hübsche *Promenade des Souzeaux* am Ufer entlang zu weiteren kleinen Buchten.

Emsiges Treiben herrscht im Fischereihafen von **L'Herbaudière** im Nordwesten der Insel. Bunte Wimpel flattern auf den Booten, die Hummer, Langusten, Meeraale und Seezungen anlanden. Südlich davon beginnt mit der *Plage de la Bosse* beim Ferienort L'Épine ein 20–40 m breiter, heller **Dünenstrand**. Einen Besuch lohnt in dem Küstendorf La Guérinière das **Musée des Traditions de l'Île** (Tel. 02 51 39 41 39, Juli/Aug. tgl. 10–12.30 und 14.30–19 Uhr, April–Juni, 1. Sept.–15. Okt. tgl. 14.30–17.30 Uhr), das über Salzgewinnung und lokale Bräuche informiert.

Praktische Hinweise

Information

Office du Tourisme, route du Pont, Barbâtre, Tel. 02 51 39 80 71, Fax 02 51 39 53 16, www.ile-noirmoutier.com

Schiff

Les Vedettes Intervilles Vendéennes, Pointe de la Fosse, Barbâtre, Tel. 02 51 39 00 00, Fax 02 51 39 54 26. Fahrten zur Île d'Yeu.

Hotels

Du Général d'Elbée, place du Château, Noirmoutier-en-l'Île, Tel. 02 51 39 10 29, Fax 02 51 39 08 23, www.generaldelbee.com. Zentral am Hafenkanal gelegenes Hotel (nur Frühstück) in einem Stadthaus des 18. Jh. mit modernen Anbauten und Swimmingpool.

Les Prateaux, 8, allée Tambourin, Le Bois de la Chaize, Tel. 02 51 39 12 52, Fax 02 51 39 46 28, www.lesprateaux.com. Hotel und Restaurant mit Terrasse und Garten am Waldrand in der Nähe der Plage des Dames.

Restaurants

Côté Jardin, 1 bis, rue du Grand-Four, Noirmoutier-en-l'Île. Tel. 02 51 39 03 02. Das gepflegte Restaurant ist für seine frischen Fisch- und Meeresfrüchte weithin bekannt.

La Marine, 5 rue Marie Lemonnier, Port de L'Herbaudière, Tel. 02 51 39 23 09. In dem mit Netzen, Schiffsmodellen und Ankern dekorierten Fischlokal am Hafen werden köstliche Seezungen und anderes Meeresgetier zubereitet.

4 Île d'Yeu

Insel von herber Schönheit mit uralten Spuren menschlicher Besiedlung.

Die abgeschiedene Lage knapp 20 km vor der Küste, ursprüngliche Atmosphäre und landschaftliche Schönheit – besonders an der wilden **Klippenküste** im Südwesten – machen den Reiz der Île d'Yeu aus und bescheren der Insel im Juli und August Scharen von Tagesausflüglern. Außerhalb der Saison ist das kleine, 23 km² umfassende Stückchen Land in der Weite des Atlantiks ein Paradies zum Wandern, Radfahren und Entspannen. Schon die Anfahrt ist Erholung pur, ein Schiff bringt die Besucher von der 25 km nördlich gelegenen Île de Noirmoutier bzw. vom Festland. Das eigene Auto mitzunehmen ist nicht ratsam, denn die Insel ist klein und die Überfahrt sehr teuer. Bewachte Parkplätze stehen in den Abfahrtshäfen zur Verfügung.

Geschichte Einfache, auf der ganzen Insel zu findende Steinsetzungen deuten auf eine Besiedelung bereits zur Jungsteinzeit (5000–2500 v. Chr.). Der Name des Eilandes leitet sich vom lateinischen **Oya** ab, das sich zu ›Yeu‹ wandelte. Benediktinermönche machten die Insel urbar, an Gebäuden blieb von ihren Klostergründungen im 4.–6. Jh. und im 11. Jh. jedoch nichts erhalten. Im Hundertjährigen Krieg war Yeu von Engländern besetzt, ging jedoch 1785 endgültig in den Besitz der französischen Krone über. Louis XVI. versuchte, den seinerzeit blühenden Schmuggel von Salz und Tabak zu unterbinden. Heute besteht in dieser Hinsicht keine Gefahr mehr, leben doch die rund 5000 Inselbewohner hauptsächlich vom Tourismus sowie vom Thunfisch- und Hummerfang.

Nach dem 2. Weltkrieg war die Île d'Yeu Verbannungsort von Marschall **Henri**

Einladend schmuck und proper wirken die bunten Fischerboote im Hafen von L'Herbaudière auf der Île de Noirmoutier

Île d'Yeu

Philippe Pétain, Chef der Vichy-Regierung. Er war trotz seines hohen Alters von 89 Jahren wegen Kollaboration mit den Deutschen 1940–44 im November 1945 zum Tode verurteilt, von General de Gaulle jedoch zu lebenslanger Haft begnadigt worden. Bis zu seinem Tod 1951 war Pétain im 1 km südwestlich der Stadt gelegenen *Fort de la Pierre-Levée* (Mitte 19. Jh.) inhaftiert. Auf dem Friedhof östlich des Forts befindet sich sein Grab.

Besichtigung Lebhafter Betrieb herrscht morgens im Hauptort **Port-Joinville** im Nordosten von Yeu, wenn von den angekommenen Fähren Ausflügler in die engen, von strahlend weißen Häuschen gesäumten Gassen ausschwärmen. In einer der vielen Verleihstellen am Hafen kann man sich ein Mountainbike mieten, mit dem sich die etwa 10 km lange und höchstens 4 km breite, dicht besiedelte Insel gut erkunden lässt. In einem Tag kann man so die schönsten Ecken kennen lernen.

Als erstes Ziel bietet sich der Leuchtturm **Grand Phare** im Nordwesten der Insel an. Er steht auf dem Felsplateau *La Petite Foule* 56 m über dem Meer. Von seiner Spitze blickt man bei gutem Wetter weit über Insel, Meer und die Vendéeküste.

Einen freundlichen ersten Eindruck erhalten Besucher von Port-Joinville, wenn sie mit der Fähre von Festland kommend den Hafen erreichen

Dass Yeu einst von der Bretagne aus besiedelt wurde, lassen zahlreiche Dolmen und Menhire vermuten. Sehenswert ist der 5000–6000 Jahre alte **Dolmen de la Planche à Puare** bei der Bucht *Anse des Broches* im Norden, wo man auch ausgedehnte Sandstrände findet.

Entlang der Südküste erstreckt sich die wild zerklüftete **Côte Sauvage**, die über einige sehr schöne, über steile Pfade erreichbare sandige Badebuchten verfügt. Zur Hauptsaison sind entlang dieser Küste allerdings Scharen von Urlaubern unterwegs. Fantastisch liegt im Südwesten auf einem Felssporn, wie aus dem Granit gewachsen, das von der Brandung umtoste **Vieux Château**. Errichten ließen es im 12. Jh. die Herren der Insel, die *Sires de la Granache*, auf den Grundmauern einer keltischen Fluchtburg. Die zinnengekrönten Mauerreste gehen auf das 14. und 16. Jh. zurück. Von der luftigen Höhe des Donjon, der nur teilweise erhalten ist, jedoch im Rahmen einer Führung bestiegen werden kann, hat man einen weiten Blick über Ozean und Steilküste.

Ein schöner *Klippenweg* führt vom ›Alten Schloss‹ bequem zum wenige Kilometer entfernten, romantischen, tief eingeschnittenen Naturhafen **Port de la Meule**, auf dessen Kais sich Hummer- und Langustenreusen stapeln. Oberhalb des Hafens wacht die weiße Kapelle der Seeleute *Notre-Dame-de-Bonne-Nouvelle*, die in ihren Ursprüngen auf das 11. Jh. zurückgeht.

Über die Landspitze *Pointe de la Tranche* gelangt man zur von Felsen eingerahmten sandigen Bucht **Anse des Soux** und weiter südwärts zum beliebten Strand **Plage des Vieilles**. An die *Pointe des Corbeaux* schließt sich, schon auf der windgeschützten Seite zum Festland hin, die lange, ebenfalls sandige **Plage des Conches** an.

ℹ Praktische Hinweise

Information

Office de Tourisme, rue du marché, Port-Joinville, Tel. 02 51 58 32 58, Fax 02 51 58 40 48, www.ile-yeu.fr

Schiff

Compagnie Yeu Continent, Port Fromentine, La Barre-de-Monts, Tel. 08 25 85 30 00, Fax 02 51 49 59 70, www.compagnie-yeu-continent.fr. Personenfähren zur Île d'Yeu verkehren ab Fromentine, Überfahrtsdauer

5 St-Gilles-Croix-de-Vie

Scheinbar eins mit der felsigen Küste der Île d'Yeu, trotzen die Mauern des Vieux Château seit mehr als 400 Jahren dem donnernd anbrandenden Meer

40–60 Min. Reservierung mehrere Tage im Voraus. Die Überfahrt der Autofähre dauert 70 Min. Reservierung mehrere Monate im Voraus.

Hubschrauber
Oya Hélicoptères, Fromentine, Tel. 02 51 59 22 22, www.atlantique-aviation.com. Ein nettes, aber teures Vergnügen ist der Flug vom Festland per Helikopter.

Camping
**Camping Municipal, Port-Joinville, Tel. 02 51 58 34 20. 1 km östlich des Hafens an der Pointe Gilberge und am Meer gelegen. Im Sommer Reservierung notwendig.

Hotels
Atlantic, 3, quai Carnot, Port-Joinville, Tel. 02 51 58 38 80, Fax 02 51 58 35 92, www.hotel-yeu.com. Kleines, familiäres Hotel mit 14 Zimmern direkt am Hafen (Anfang Jan.–Anfang Febr. geschl.).

Le Flux, 27, rue Pierre-Henry, Port-Joinville, Tel. 02 51 58 36 25, Fax 02 51 59 44 57. Renommiertes Haus am Platze, anbei das gepflegte Restaurant La Marée (Mitte Nov–Mitte Jan. geschl.).

5 St-Gilles-Croix-de-Vie

Dünen, Sand und Badespaß.

Der Fluss Vie trennt die betriebsamen Orte Croix-de-Vie und St-Gilles, die 1967 zu St-Gilles-Croix-de-Vie zusammengefasst wurden. Der wohl schönste Fischereihafen der Vendéeküste, in dem Thunfisch, Sardinen, Hummer und Langusten angelandet werden, ein großer Jachthafen, zwei vielbesuchte Sandstrände sowie ein reichhaltiges Wassersport- und Freizeitangebot machen die Attraktivität des Städtchens aus.

Im Mittelalter hatte sich die römische Gründung **Sidum** zu einer größeren Fischersiedlung entwickelt, der Mönche aus dem Languedoc den Namen ihres Schutzpatrons St-Gilles gaben. Die ins Meer vorspringende Landnase am rechten Ufer der Vie besiedelten ab dem 17. Jh. Fischer, die auch Croix-de-Vie gründeten. Das Dorf wurde im 19. Jh. zu einem Zentrum des **Sardinenfangs** an der französischen Atlantikküste. Seit über 100 Jahren haben die hier hergestellten Boote einen guten Ruf, und der **Schiffsbauer** Bénéteau ist ein wichtiger Arbeitgeber in der Region.

Das geschäftige Städtchen St-Gilles überragt der Glockenturm seiner im neogotischen Stil gehaltenen Kirche, die im 19. Jh. auf den Grundmauern eines Vorgängerbaus aus dem 14. Jh. errichtet wur-

5 St-Gilles-Croix-de-Vie

de. Ein Fußweg führt vom Ortszentrum zu der vorgelagerten **Dune de la Garenne**. Von dieser Düne zwischen Meer und Vie überblickt man sehr schön die Stadt sowie Fischerei- und Jachthafen. Im Süden beginnt der kilometerlange feine Sandstrand Grande Plage, an dem im Sommer reger Badebetrieb herrscht. In der nahen **Maison du Pêcheur** (22, rue du Maroc, Tel. 02 51 54 08 09, April–Sept. Mo, Mi–Sa 14.30–18.30 Uhr) kann man Fische und andere Lebewesen des Atlantiks bestaunen und sich über das Leben der Fischer informieren.

St-Jean-de-Monts

Nördlich der Vie setzt sich der breite Sandstrand zunächst fort, geht dann aber in eine felsige Steilküste über. Ihrem Verlauf folgt die **Corniche Vendéenne** genannte Küstenstraße, die immer wieder herrliche Ausblicke aufs Meer freigibt, bis ins 4 km entfernte Sion-sur-l'Océan. Anschließend erstreckt sich wieder kilometerlanger Sandstrand nordwestwärts bis zur Touristenstadt St-Jean-de-Monts. Sie beherbergt im Sommer mehr als 100 000 Gäste, die baden, surfen, segeln oder das vielfältige Vergnügungsangebot nutzen. Im Winter sind die 6000 Einwohner wieder unter sich und die flache, schier endlos weite Küste gehört den *Strandseglern*.

ℹ Praktische Hinweise

Information

Office de Tourisme, boulevard de l'Égalité, St-Gilles-Croix-de-Vie, Tel. 02 51 55 03 66, Fax 02 51 55 69 60, www.stgillescroixdevie.com,

Office de Tourisme, 67, esplanade de la mer, St-Jean-de-Monts, Tel. 08 26 88 78 87, Fax 02 51 59 87 87, www.saint-jean-de-monts.com

6 Les Sables d'Olonne

Die Perle der Côte de Lumière.

Zu den bekanntesten und beliebtesten Seebädern Frankreichs zählt Les Sables d'Olonne. Es besitzt einen pittoresken Fischerhafen, eine riesige Marina, eine breite, schön angelegte Uferpromenade sowie – nicht zuletzt – einen 3 km langen, bogenförmig geschwungenen, sich nach Süden öffnenden Sandstrand **Grande Plage**. Bei Ebbe ist er geradezu ideal, bei Flut allerdings drängen sich alle Gäste auf den wenigen verbleibenden Metern unterhalb der Strandpromenade **Le Remblai**. Diese ist etwas erhöht angelegt und dient seit dem 18. Jh. als Flaniermeile und zum

Glitzer, Glanz und Glockenklang – bei Erwachsenen weckt das Karussell am Flussufer von St-Gilles nostalgische Erinnerungen und Kinder haben einfach ihren Spaß damit

6 Les Sables d'Olonne

Die Wellen des Atlantik spülen den aufmerksamen Strandläufern am Küstensaum von Les Sables d'Olonne interessante Fundstücke vor die Füße

Schutz vor der Meeresbrandung. Zur Stadt hin wird sie abwechselnd gesäumt von modernen, zehnstöckigen Apartmenthäusern und von einigen prachtvollen alten Villen vom Beginn des 19. Jh. Les Sables d'Olonne war damals eine beliebte Sommerfrische der Aristokratie. Mit dem Anschluss ans Eisenbahnnetz 1866 kam auch bürgerliches Publikum und das sympathische Städtchen (16 000 Einw.) wurde zu einem beliebten **Familienbadeort**, den jeden Sommer gut 100 000 Gäste besuchen.

Die Hafeneinfahrt trennt das idyllische einstige Fischerviertel La Chaume von dem geschäftigen Stadtteil **Quartier du Passage**, der sich zwischen Hafenbecken und Meer schiebt. Besonders lebhaft geht es in der restaurierten Markthalle *Halles centrales* von 1890 zu. Zwischen Rue des Halles und Rue de la Patrie verläuft die sich auf knapp 50 cm Breite verengende **Rue de l'Enfer**. Sie wurde als schmalste Straße der Welt ins Guinness Buch der Rekorde eingetragen. Die von außen in ihrer Mischung aus spätgotischen und Frührenaissance-Elementen etwas abweisend wirkende **Église Notre-Dame-de-Bon-Port** (Mitte 17. Jh.) birgt im Innern ein schönes Renaissance-Ziborium über dem Hauptaltar.

500 m weiter östlich kann man das **Musée de l'Abbaye Ste-Croix** (Rue de Verdun, Tel. 02 51 32 01 16, Mitte Juni–Mitte Sept. Di–So 10–12 und 14.30–18.30 Uhr, sonst Di–So 14.30–17.30 Uhr) besichtigen, das in einer zum Kulturzentrum umgestalteten Benediktinerinnenabtei eingerichtet wurde. Es ist der Prähistorie, dem lokalen Brauchtum und der zeitgenössischen Kunst gewidmet. Auch Malerei ab 1910 ist gut vertreten, z. B. mit Werken von Victor Brauner und Gaston Chaisac.

Buntes Treiben herrscht stets um den **Hafen**, der sich von einer Basis der Walfänger im 12. Jh. zu einem Zentrum der Kabeljau-Fischerei (15.–18. Jh.) entwickelte und im 19. Jh. für Schiffe größerer Tonnage ausgebaut wurde. Seit den 1960er-Jahren existiert nördlich davon der Jachthafen **Port-Olona**, der mit seinen 1100 Liegeplätzen zu den ganz großen an der französischen Atlantikküste zählt. Von hier aus startet alle vier Jahre die **Vendée Globe** (www.vendeeglobe.org), eine Einhand-Segelregatta um die Welt, Anfang November 2008 fällt der nächste Startschuss, Ende Januar 2009 wird der Sieger zurückkehren.

Jenseits des Hafens erstreckt sich der Stadtteil **La Chaume**, in dem das Leben etwas gemächlicher verläuft. An der Hafeneinfahrt wachte im Mittelalter das um 1154 gegründete *Château-Fort St-Clair*, von dem insbesondere die zinnenbekrönte **Tour d'Arundel** erhalten ist, die seit dem 18. Jh. als Leuchtturm dient. Im Schloss St-Clair fand auch das *Musée de la Mer* (Tel. 02 51 95 53 11, www.membres.lycos.fr/oceam, Juni–Sept. tgl. 10.30–12.30 und 15–18 Uhr, sonst auf Anfrage) mit einer Ausstellung zu Fischerei und Seefahrt

eine Heimat Aus 33 m Höhe hat man zudem einen schönen Blick auf die Häfen von Sables, die geschwungene Bucht sowie auf die Segeljollen und Katamarane auf dem Meer. Meerwärts bei der Mole markiert die hübsche, kleine Kapelle **Prieuré St-Nicolas** aus dem 11. Jh. den Beginn der Hafeneinfahrt. Sie wurde von Hugenotten 1622 zerstört, anschließend erneuert und 1779 vorübergehend zu einem Fort umgebaut. Von der großen Mole bietet sich noch einmal ein herrliches Panorama über Küste, Stadt und Meer.

Marais d'Olonne

Nördlich von La Chaume zieht sich über 15 km der dichte Kiefernwald **Forêt d'Olonne** hin. Landeinwärts beginnen die alten Salzgärten **Les Salines** (120, route de l'Aubraie, Tel. 02 51 21 01 19, www.lessalines.fr, sommers 10–19 Uhr, sonst 14.30–17.30 Uhr), deren Becken und Kanäle ein rund 1200 ha großes Areal bedecken, das Marais d'Olonne genannt wird. Die Salzgewinnung ging seit Mitte des 20. Jh. jedoch zurück, statt dessen dienen die Becken heute der rentableren Fischzucht. Eindrucksvoll erlebt man diese stille Landschaft bei einem Bootsausflug auf den verzweigten Kanälen ab Port-Olona.

Ausflug

An der Straße D 949 zwischen Les Sables d'Olonne und Luçon liegt das **Château de la Guignardière** (Tel. 02 51 22 33 06, www.guignardiere.com, Juli/Aug. tgl. 10–19 Uhr, April–Sept. tgl. 11–18 Uhr, sonst nur für Gruppen nach Voranmeldung). Neben dem Besuch des Renaissanceschlosses, das um 1555 für Jean Girard, einen Hofbeamten von Henri II., erbaut wurde, lohnt ein Spaziergang durch seinen schönen 86 ha großen Park mit Menhiren, Hirschen und einem französischen Garten. Vor allem für Kinder interessant ist der nahe gelegene, kleine Themenpark **L' Aventure Historique** (Route des Sables d'Olonne, Avrillé, Tel. 02 51 22 33 06, Fax 02 51 22 39 16, www.aventure-historique.com, Juli/Aug. tgl. 10–21 Uhr, April–Sept. tgl. 11–20 Uhr). In ihm begibt man sich auf die Suche nach den Schätzen vergangener Kulturen – der Mayas, der Pharaonen, der Osterinseln und des imperialen China – wobei man einige knifflige Rätsel lösen muss.

ℹ Praktische Hinweise

Information

Office de Tourisme, 1, promenade Joffre, Les Sables d'Olonne, Tel. 02 51 96 85 85, Fax 02 51 96 85 71, www.ot-lessablesdolonne.fr.

Hotels

**Admiral's Hotel, Port-Olona, Place Jean David Nau, Les Sables d'Olonne, Tel. 02 51 21 41 41, Fax 02 51 32 71 23, www.admiralhotel.fr. Komfortables Hotel am Jachthafen.

Les Embruns, 33, rue du Lieutenant-Anger, Les Sables d'Olonne, Tel. 02 51 95 25 99, Fax 02 51 95 84 48, www.hotel-lesembruns.com. Das gut geführte Haus liegt abseits vom Trubel in dem charmanten Viertel La Chaume.

Restaurants

Le Galion, 18, place Navarin, Les Sables d'Olonne, Tel. 02 51 21 11 61. An der Uferpromenade gelegenes Lokal, das auf

Der trutzige Wachturm bewacht die Hafeneinfahrt von Les Sables d'Olonne

◁ *Les Sables d'Olonne hat viele Gesichter: Die Segelregatta Vendée Globe startet hier* **(oben)**, *die rollende Brandung gefällt den Surfern* **(Mitte)**, *auch für Badefreunde ist bestens gesorgt* **(unten)**

seine frisch zubereiteten Fische und *Fruits de mer* stolz ist.

Le George V., 20, promenade George V., Les Sables d'Olonne, Tel. 02 51 95 11 52. In dem eleganten Restaurant in La Chaume speist man gut – mit Blick auf den Hafen. Angeboten wird viel Fisch in interessanter Zubereitung, z. B. Carpaccio von geräuchertem Seelachs in Curry.

7 Pertuis Breton

Von goldfarbenen Sandstränden, Dolmen und mittelalterlichen Burgen.

Pertuis Breton heißt die Meerenge zwischen der Île de Ré und der südlichen Vendéeküste, die ihre Strandlinie im Verlauf der letzten Jahrhunderte immer weiter ins Meer vorschob. Gut 5 km im Landesinnern entdeckt man das Städtchen **Talmont-St-Hilaire**, das vor rund 900 Jahren noch an der Küste lag. Eindrucksvolle Ruinen eines im 11. Jh. zum Schutz des damaligen Hafens erbauten, während des Hundertjährigen Krieges erst erweiterten, dann zerstörten **Château fort** überragen den Ort. Im 16. Jh. wurde die Burg wieder aufgebaut und oftmals von verfolgten Protestanten als Zufluchtsstätte genutzt. Daraufhin ließ Kardinal Armand du Plessis de Richelieu die Anlage schleifen. Erhalten blieben Reste der Wehrmauern sowie die 980 und 1020 errichtete Kapelle *St-Pierre*.

Weitgehend unbekannt wäre der kleine Badeort **St-Vincent-sur-Jard** geblieben, wenn nicht der aus der Vendée stammende Politiker **Georges Clémenceau** (1841–1929), den die Franzosen im Ersten Weltkrieg *Tigre*, Tiger, nannten, hier seinen Lebensabend verbracht hätte. Sein einfaches, original möbliertes Haus in Strandnähe ist als **Museum** (Tel. 02 51 33 40 32, Mitte Mai–Mitte September tgl. 9.30–12.30 und 14–18.30 Uhr, sonst Di–So 10–12.30 und 14–17.30 Uhr) zugänglich. Nordöstlich findet man nahe Avrillé die meisten Steinsetzungen in der Vendée. Bei Le Bernard, 6 km südöstlich von Avrillé, steht der Dolmen **La Frébouchère**, dessen 9 x 5 m messende Deckplatte ein Gewicht von schätzungsweise 100 t haben soll.

Weite flache Sandstrände machen den Reiz der Küste um das Ferienziel **La Tranche-sur-Mer** aus, das in den Sommermonaten einen unglaublichen Badetrubel erlebt. Die Gäste schätzen den 1 km langen, feinsandigen Hauptstrand, der auch bei Flut noch 50 m breit ist, sowie das große Sport- und Unterhaltungsangebot

Die Küste bei La Tranche-sur-Mer genießt man außerhalb der Saison beinah ungestört, doch im Sommer verwandelt sich der einsame Traumstrand in eine Touristenhochburg

in dem freundlichen Badeort. Außerdem ist La Tranche eine ›grüne Stadt‹, man hat sich neben dem Tourismus als zweites Standbein auf die Blumenzucht verlegt. So leuchten hier im Frühjahr unzählige Tulpen und Gladiolen in kräftigen Farben.

Sand und Dünen kennzeichnen auch die sich südlich anschließende Landzunge **Pointe de l'Aiguillon**. Jenseits der großen *Anse de l'Aiguillon*, die den Zugvögeln als Rastplatz dient, werden die Bademöglichkeiten jedoch rar. In der flachen, schlickigen Bucht überwiegt die Miesmuschelzucht. Ihr ist in **Esnandes** das Museum *Maison de la Mytiliculture* (Tel. 05 46 01 34 64, März–Mitte Juni Mi, Sa/So 11–18 Uhr, Mitte Juni–Mitte Sept. tgl. 10.30–12.30 und 14–18 Uhr, März–Mitte Juni und Mitte Sept–Okt. 14–19 Uhr) gewidmet. Auch die romanische Wehrkirche des kleinen Ortes lohnt einen Besuch. Sie gleicht mit Zinnen und Wehrgang mehr einer Festung als einem Gotteshaus und besitzt schöne Steinmetzarbeiten. Im Mittelalter stand sie direkt an der Küste, heute erhebt sie sich etwas verloren auf einem Hügel über Esnandes.

Praktische Hinweise

Information

Office de Tourisme, place de l'Église, St-Vincent-sur-Jard, Tel. 02 51 33 62 06, Fax 02 51 33 01 23, www.ot-stvincentsurjard.com

Office de Tourisme, place de la Liberté, La Tranche-sur-Mer, Tel. 02 51 30 33 96, Fax 02 51 27 78 71, www.ot-latranchesurmer.fr

Hotel

**Les Cols Verts, 48, rue de Verdun, La Tranche-sur-Mer, Tel. 02 51 27 49 30, Fax 02 51 30 11 42, www.hotelcolsverts.com. Schön im Kiefernwald und in Strandnähe gelegenes Haus mit Swimmingpool, dessen Zimmer und Küche überzeugen.

8 Marais Poitevin

Ein atlantischer Spreewald.

Das Gebiet zu beiden Seiten des Flusses Sèvre Niortaise namens Marais Poitevin durchzieht ein Labyrinth von Wasserläufen. In mühsamer Arbeit wurden hier über Jahrhunderte hinweg dem Meer 80 000 ha Land abgerungen. Zisterzienser- und Benediktinermönche der gro-

Die glanzvollen Zeiten, in denen Herzöge und Bischöfe St-Pierre in Maillezais förderten, sind zwar vergangen, doch selbst als Ruine ist die Abtei noch beeindruckend

ßen Abteien St-Michel-en-l'Herm, Maillezais, Nieul-sur-l'Autise und Luçon hatten im 13. Jh. begonnen, die ursprüngliche Moor- und Küstenlandschaft einzudeichen und ihr fruchtbare Polder abzutrotzen. Diese Anlagen verfielen jedoch während des Hundertjährigen Krieges immer mehr. Henri IV. ließ Ende des 16. Jh. niederländische Wasseringenieure ein System von Drainagegräben und Schleusen entwickeln und so das begonnene Werk vollenden. Es entstand eine wunderschöne, üppig grüne **Kanallandschaft** mit fruchtbaren Landinseln, bestanden von dichtem Baum- und Buschwerk, das einer unübersehbaren Zahl von Vogelarten als Heimat dient. Auch Menschen siedelten sich an, die **Maraîchins**. Sie errichteten ihre niedrigen, weiß gekalkten Häuser auf kleinen, heute kaum noch wahrnehmbaren Erhebungen, die häufig nur per Boot zu erreichen sind. Fischfang und Gemüseanbau, z. B. von *Mojettes*, weißen Bohnen, bildeten die Lebensgrundlage. Damals transportierten die Bewohner des Marais Vieh und Milchkannen mit

Plattes, flachen, schwarz geteerten Kähnen, und sogar Hochzeiten oder Beerdigungen fanden auf mehreren solcher schaukelnden Unterlagen statt. Diese Zeiten sind jedoch lange vorbei, ebenso wie die Jahrhunderte, in denen sich Verfolgte, Protestanten oder Aufständische in den ›Dschungel‹ flüchteten.

Im westlichen Teil, dem **Marais Desséché**, erstreckt sich eine flache, von geraden Kanälen durchzogene Polderlandschaft, die zum Fahrradfahren einlädt. Auf grünen Wiesen weiden Pferde und Kühe, vielfach werden Mais und Sonnenblumen angebaut. Landeinwärts, etwa ab Marans, beginnt das zauberhafte grüne **Marais Mouillé**. Unzählige Wasserläufe prägen das sumpfige Gebiet. Es wird auch **Venise Verte**, ›Grünes Venedig‹ genannt, denn Pappeln, Erlen, Eschen und Kopfweiden säumen die kleinen Kanäle (*Rigoles*) und Wassergräben (*Conches*). Ihre Äste bilden ein Gewölbe, in das die Mittagssonne kaum eindringen kann. Schilf, Iris, Seerosen und Engelwurz entdeckt man bei einer **Kahnfahrt** auf dem Wasser-Irrgarten. An fast jedem Ort im Marais kann man *Plattes* mieten. Sanft gleiten sie durch den grünen Teppich aus Wasserlinsen, nur das Quaken der Frösche und das Platschen der *Pigouille*, der Stake, mit der die *Bateliers* ihre Kähne wie Gondolieri geschickt durch das Labyrinth steuern, unterbrechen die Stille. Herrliche Farbspiele kann man in dem lichten Wald beobachten, zahlreiche Libellen, hier und da Silberreiher, abends auch Biber und Fischotter entdecken. Rund 15 000 ha dieser selten schönen Landschaft wurden als **Parc Naturel Régional du Marais Poitevin** (Tel. 05 49 35 15 20, www.parc-marais-poitevin.fr) unter Naturschutz gestellt.

Als Ausgangspunkt für Entdeckungstouren im ›Grünen Venedig‹ bietet sich das ruhige Dorf **Maillezais** an. Am Ortsrand liegen die beeindruckenden Ruinen der Benediktinerabtei **Abbaye de Maillezais** (Tel. 02 51 87 22 80, http://nieul-maille zais.vendee.fr, Juni–Sept. tgl. 10–19 Uhr, Okt.–Mai tgl. 9.30–12.30 und 13.30–18 Uhr). Ersteigt man einen ihrer erhaltenen Türme, hat man einen herrlichen Blick über das ›grüne‹ Marais und die Polderlandschaft des Marais Desséché. Die Abtei war im 11. Jh. anstelle einer Burg der Herzöge von Aquitanien gegründet worden, die den Zugang zur Sèvre vor den Normannen schützte. Später avancierte sie gar zum Bischofssitz. In der Französischen Revolution wurden die Gebäude beschlagnahmt und dienten als Steinbruch. Teile der einst prächtigen Abteikirche, Schlaf- und Speisesaal, Salzkeller und die achteckige, 12 m hohe Küche sind erhalten. Sehenswert ist auch die im 19. Jh. leider stark restaurierte Kirche **St-Nicolas** aus dem 12. Jh. mit schönem romanischen Portal im Zentrum von Maillezais.

In **Nieul-sur-l'Autise**, 10 km nördlich von Maillezais, ist die majestätische **Abbaye de Nieul-sur-l'Autise** (11. Jh., Tel. 02 51 50 43 00, http://nieul-maillezais.ven dee.fr, Juni–Sept. tgl. 10–19 Uhr, Okt.–Mai tgl. 9.30–12.30 und 13.30–18 Uhr) mit einem herrlichen, vollständig erhaltenen Kreuzgang einen Besuch wert. Im 12. Jh. hatten die Herzöge von Aquitanien und der französische König Louis VII. die Abtei reich mit Schenkungen und Privilegien

Manch stressgeplagtem Stadtmenschen scheint das malerisches Marais Poitevin als Inbegriff von Frieden und Beschaulichkeit

bedacht, war Nieul doch Geburtsort von Aliénor d'Aquitaine.

Coulon zählt zu den bekannten Dörfern des Marais Mouillé. Malerisch reihen sich am Wasser die weißen Häuser mit bunten Fensterläden. Hier kann man die romanische **Église de la Ste-Trinité** besichtigen, die eine seltene, zum Kirchplatz hin angebrachte *Außenkanzel* besitzt. Auch das höchst interessante Museum **Maison des Marais Mouillés** (Tel. 05 49 35 81 04, Juli/Aug. tgl. 10–20, Mai, Juni/Sept. Di–So 10–12 und 14–19 Uhr, Nov. 14–19 Uhr) in Kainähe ist einen Besuch wert. Es gibt Aufschluss über die Urbarmachung des Marais Poitevin, erklärt das Leben der Moorbauern und erläutert Flora und Fauna der Region.

Praktische Hinweise

Information
Office de Tourisme, rue du Docteur Daroux, Maillezais, Tel. 02 51 87 23 01, Fax 02 51 00 72 51, www.maraispoitevin-vendee.com

Sport
A bicyclette, 36 rue de l' Abbaye, Maillezais, Tel. 02 28 13 08 75, Fahrradverleih.

Embarcadère de l' Abbaye, Le Grand Port, Maillezais, Tel. 02 51 87 21 87. Vermietet Kähne und Kanus.

La Libellule, place de l'Église, Coulon, Tel. 05 49 35 83 42. Fahrradverleih.

Camping
Camping de l'Autize, Route de Maillé, Maillezais, Tel. 06 31 43 21 33. Angenehmer, kleiner, einfacher Platz am Ortsrand.

Hotel
Le Saint-Nicolas, rue du Docteur Daroux, Maillezais, Tel. 02 51 00 74 45, Fax 02 51 87 29 10. Freundliches kleines Frühstückshotel im Zentrum.

Restaurant
L'Auberge de l'Abbaye, Le Petit port sauvage, Maillezais, Tel. 02 51 87 25 07. Gutes Lokal, das Spezialitäten des Marais wie Aal und Froschschenkel serviert.

Charente-Maritime – Wasser und Wein

Heiter und lieblich wirkt das zwischen den Flüssen Sèvre Niortaise und Gironde gelegene Département Charente-Maritime. Seit Mitte des 19. Jh. locken im Sommer Sonne und herrliche Sandstrände die Urlauber, hier ihre Ferien zu verbringen. Eingebettet in sanfte Hügel, mäandert die Charente durch das Weinbaugebiet **Cognac** und die kleine gleichnamige Stadt. Neben Cognac und Weinen bietet die Region als Delikatessen die beliebten Marennes-Oléron-Austern, die man an der hiesigen Küste ganz frisch schlürfen kann. Wichtigste Stadt der Charente-Maritime ist **La Rochelle**, die lebhafte frühere Hugenottenhochburg, deren Zentrum um den alten Hafen zum Flanieren einlädt. Für einen Badeurlaub bieten sich die Charentaiser Inseln an: die liebliche, weiße **Île de Ré** mit feinen Sandstränden und blumengeschmückten Dörfchen oder die idyllische, autofreie **Île d'Aix**. Auf der Insel lebt das Andenken an Napoleon I. fort, der hier seine letzten Tage auf französischem Boden verbrachte. Familien besuchen gern die **Île d'Oléron**, die mit langen sandigen Stränden, Dünen und Wäldern wie geschaffen scheint für Surfer, Muschelsucher und Radfahrer.

Wer sich für Festungsbaukunst interessiert, findet im Bereich der Charente-Mündung ausgezeichnete Werke wie Château d'Oléron, das Louis XIV. zum Schutz des Marinehafens in **Rochefort** anlegen ließ. Kunstliebhaber entdecken bei Ausflügen ins Landesinnere prachtvolle Zeugnisse romanischer Baukunst, vor allem reich mit Skulpturen geschmückte Kirchen. Besonders viele sind in den Dörfern der *Saintonge* erhalten, wie die Gegend um die schöne alte Römerstadt **Saintes** genannt wird.

9 La Rochelle *Plan Seite 40*

Das einstige Hugenottenzentrum zählt zu den attraktivsten Küstenstädten des Landes.

Eine wichtige Rolle in Frankreichs maritimer Geschichte spielte die Hafenstadt mit ihrem schönen historischen Zentrum, dem mediterranen Flair und den arkadengesäumten Straßen bereits seit dem Mittelalter. Heute ist das 73 000 Einwohner zählende La Rochelle Hauptstadt des Département Charente-Maritime, Bischofssitz – und im Sommer ein beliebtes Touristenziel.

Geschichte Das Fischerdorf auf dem Kalkplateau über dem Meer erhielt 1199 von Aliénor d'Aquitaine freies Stadtrecht und entwickelte sich daraufhin rasch zu einem weltoffenen **Hafen**. Salz- und Weinhandel mit Nordeuropa brachten La Rochelle Wohlstand. Zur Hochburg des französischen **Protestantismus** wurde die Stadt, nachdem König Henri IV. Ende des 16. Jh. im Toleranzedikt von Nantes einigen Orten Glaubensfreiheit zugestand. So kam La Rochelle zu dem Beinamen ›französisches Genf‹. Den reichen und mächtigen **Stadtstaat** empfand der französische König Louis XIII. aber als Gefahr für seine absolutistische Staatsidee. Durch eine Blockade gelang ihm 1628 seinem ehrgeizigen Kanzler Richelieu, die inzwischen mit England verbündete Stadt in die Knie zu zwingen. Dazu ließ er, nachdem er La Rochelle von jeder Landzufuhr abgeschnitten hatte, auf der Seeseite einen 12 km langen Deich aufschütten und mit Artillerie besetzten. Der protestantische Bürgermeister Jean Guiton zwang die Bevölkerung zwar, unter schrecklichen Bedingungen und Verlusten auszuharren, gleichwohl musste die Stadt am 30. Oktober 1628, nach über 13-monatiger

◁ *Im Vergleich zum kriegerischen 17. Jh. geht es heute im Hafen Vieux Port von La Rochelle ausgesprochen friedlich zu*

La Rochelle

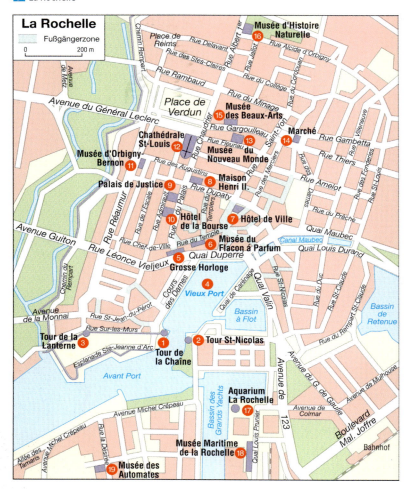

Belagerung, kapitulieren. Die landseitigen Verteidigungsanlagen wurden geschleift, La Rochelle verlor die meisten seiner Privilegien.

Erstaunlich schnell erholte sich die Stadt, vor allem durch ihre Wirtschaftsbeziehungen mit **Übersee** im 18. Jh., dem Zeitalter des Sklavenhandels. Der 1890 im Westen von La Rochelle angelegte Hafen **La Pallice** wurde zum wirtschaftlichen Zentrum, die alten Kaianlagen dienten erst als Fischer-, später als Jachthafen. Im Zweiten Weltkrieg bauten die Deutschen bei dem strategischen Stützpunkt La Pallice 1942 zwei riesige **U-Boot-Bunker**. Südlich der Stadt wurde 1972 ein zusätzlicher **Jachthafen**, *Les Minimes*, angelegt, der mit 3000 Liegeplätzen zu Europas größten zählt.

Besichtigung Den schönsten Anblick bietet die alte Hugenottenstadt vom Meer aus. Man kann sich ihr z. B. mit dem kleinen *Bus de mer* nähern, der vom Strand des südwestlichen Stadtviertels Les Minimes bis zum *Vieux Port* in der westlichen Stadtmitte tuckert. Am Eingang des alten Hafens wachen zwei mächtige Wehrtürme. Die runde **Tour de la Chaîne** ❶ (Tel. 05 46 34 11 81, Juli/Aug. tgl. 10–19 Uhr, Mitte Mai–Juni/erste Hälfte Sept. tgl. 10–12.30 und 14–18.30 Uhr, sonst Di–So 10–12.30 und 14–17.30 Uhr), zwischen 1382 und 1390 erbaut, ist die ältere von beiden. Im Innern ist ein kleines Museum zur Stadtgeschichte untergebracht. Mit der schweren, auf dem Platz neben dem Turm ausgestellten Kette konnte die Hafeneinfahrt bis zur gegen-

9 La Rochelle

überliegenden Tour St-Nicolas abgeriegelt werden. Sie war noch im 19. Jh. in Gebrauch. Die mächtige, fünfeckige und etwas geneigte **Tour St-Nicolas** ❷ (Öffnungszeiten wie Tour de la Chaîne) wirkt wie eine Festung. Einige der in den Meeresboden eingelassenen Eichenpfosten, auf denen das Fundament ruht, sind eingesunken, was die leichte Schräglage des Turms zur Folge hatte. Aus 35 m Höhe hat man von der Turmspitze einen schönen Blick über Stadt, Wehranlagen und Hafen. Der dritte der Verteidigungstürme ist die mit einer eleganten spätgotischen Spitze geschmückte **Tour de la Lanterne** ❸ (Öffnungszeiten wie Tour de la Chaîne) westlich des alten Hafens, deren Mauern an der Basis 6 m breit sind. Sie wurde im 15. Jh. erbaut und diente als Wach- und Leuchtturm sowie als Kerker, woran die vielen Graffiti der Gefangenen in den acht übereinanderliegenden Räumen erinnern. Von der Galerie in 50 m Höhe bietet sich ein prächtiges Panorama.

Heute erscheinen diese Bollwerke wie Kulissen für das lebhafte Treiben um den **Vieux Port** ❹, den alten Hafen, in dem sich die Segelboote sanft im Wind wiegen. Bars, Bistros und Restaurants reihen sich um das Hafenbecken am Cours des Dames und Quai Duperré. In den Auslagen türmen sich dekorativ Austern, Krebse, Miesmuscheln und Garnelen zu *Plateau de fruits de mer*. Schlendert man am alten Hafen entlang, gelangt man im Nordwesten zum Stadttor **Grosse Horloge** ❺ (14. Jh.), das den Eingang in die Altstadt markiert. Das wehrhafte, von zwei Rundtürmen flankierte, einbogige Tor geht in seiner jetzigen Form auf das 18. Jh. zurück. In der sich nordöstlich anschließenden Fußgängerzone *Rue du Temple* präsentiert das kleine **Musée du Flacon à Parfum** ❻ (33, rue du Temple, Tel. 05 46 41 32 40, Mo 14.30–19, Di–Sa 10–12 und 14.30–19 Uhr) eine erlesene Sammlung von Parfumfläschchen und Puderdöschen.

In La Rochelle dominieren nicht Kirchen, sondern Börse und Rathaus. Das prächtige, 1595–1606 im Renaissancestil erbaute **Hôtel de Ville** ❼ (Juli/Aug. tgl. 15 und 16 Uhr, Juni, Sept. tgl. 15 Uhr, Okt.–Mai Sa/So 15 Uhr) zählt zu den bedeutendsten Baudenkmälern der Stadt. Es scheint, als wolle es seine Pracht hinter der abweisenden gotischen Umfassungsmauer verstecken. Im Hof erinnert es mit seinen breiten Arkaden im Untergeschoss an einen toskanischen Palazzo. Die Fassade ist reich verziert, u.a. mit die Kardinaltugenden versinnbildlichenden Statuen.

In der Rue Dupaty erhebt sich der reizende, mit einer zweigeschossigen Galerie versehene Renaissancepalais **Maison**

Das spitze Runddach der Tour de la Lanterne dient als deutliche Landmarke

Einzigartig ist auch das Hôtel de Ville von La Rochelle mit seiner detailfreudig ausgearbeiteten Hoffassade

9 La Rochelle

Henri II. ❽ (16. Jh.). Einige Schritte weiter erreicht man die von Arkaden gesäumte Rue du Palais, in der das **Palais de Justice** ❾ und das **Hôtel de la Bourse** ❿, heute Sitz der Handelskammer, sehenswert sind, beides klassizistische Bauten des späten 18. Jh. Nur drei Querstraßen weiter ist in einem Gebäude des 19. Jh. in der Rue St-Côme das **Musée d'Orbigny-Bernon** ⓫ (2, rue St-Côme, Tel. 05 46 29 22 60, April–Sept. Mo, Mi–Sa 10–12.30 und 14–18, So 14.30–18 Uhr, Okt.–März Mo, Mi–Fr 9.30–12.30 und 13.30–17, Sa/So 14.30–18 Uhr) untergebracht. Es ist der Stadtgeschichte, insbesondere der großen Belagerung von 1628 gewidmet und zeigt daneben Rochelais-Fayencen.

Im Norden geht die Rue du Palais in die Rue Chaudrier über, an der die massige, klassizistische **Cathédrale St-Louis** ⓬ steht, die zahlreiche Votivbilder von Seeleuten birgt. Die Kirche wurde 1742–62 errichtet, der Glockenturm stammt allerdings noch aus dem 15. Jh. Mit dem Kolonial- und Sklavenhandel zwischen Frankreich und Amerika beschäftigt sich das **Musée du Nouveau Monde** ⓭ (10, rue Fleuriau, Tel. 05 46 41 95 79, April–Sept. Mo, Mi–Sa 10–12.30 und 14–18, So 14.30–18 Uhr, Okt.–März Mo, Mi–Fr 9.30–12.30 und 13.30–17, Sa/So 14.30–18 Uhr) in einem prachtvollen Palais der Reederfamilie Fleuriau in der gleichnamigen Straße. Es dokumentiert anhand von Räumen und Mobiliar den Lebensstil einer wohlhabenden Rochellaiser Familie im 18. Jh. und zeigt Gemälde, Zeichnungen, Skulpturen und historische Karten, die sich auf die Verbindungen zu Nordamerika beziehen. Eine Sammlung indianischer Stücke rundet dieses interessante Museum ab.

An der zur 1831 errichteten Markthalle **Marché** ⓮ führenden Rue Gargoulleau steht der ehem. Bischofspalast aus der Zeit Louis XVI., in dem das **Musée des Beaux-Arts** ⓯ (28, rue Gargoulleau, Tel. 05 46 41 64 65, April–Sept. Mo, Mi–Sa 14–18, So 14.30–18 Uhr, Okt.–März Mo, Mi–Fr 13.30–17, Sa/So 14.30–18 Uhr) seinen Sitz hat. Es präsentiert Gemälde mit Stadt- und Hafenansichten überwiegend lokaler Künstler.

Wer Sinn für Originelles hat, mag das nördlich beim Botanischen Garten *Jardin des Plantes* gelegene **Musée d'Histoire Naturelle** ⓰ (28, rue Albert 1er, Tel. 05 46 41 18 25, Wiedereröffnung nach Renovierung im Juli 2007) besuchen. Es zeigt eine präparierte Giraffe, die erste, die je französischen Boden betreten hatte. Ein ägyptischer Pascha hatte sie 1827 König Charles X. geschenkt. Weiterhin gibt es eine zoologische und eine ethnologische Sammlung zu sehen sowie das *Kuriositätenkabinett* des weit gereisten Militärs Clément de Lafaille (1718–1782), eines passionierten Sammlers und Jägers von Großwild und Reptilien.

Das **Aquarium La Rochelle** ⓱ (quai Louis Prunier, Tel. 05 46 34 00 00, www.aquarium-larochelle.com, Juli/Aug. tgl. 9–23 Uhr, April–Juni und Sept. tgl. 9–20 Uhr, Okt.–März tgl. 10–20 Uhr) lässt die Besucher auf den Grund der Meere unseres

Seekrank schon vom Hinsehen – die Exponate des Neptunea Musée Maritime de la Rochelle führen Besuchern die Seefahrt früherer Zeiten anschaulich vor Augen

10 Île de Ré

Planeten hinabtauchen. Es zeigt u. a. Rochen, Haie und Piranhas und gewährt spektakuläre Einblicke in das Unterwasserleben in Atlantik, Mittelmeer und in tropischen Gewässern.

Südlich des alten Hafens liegen am *Bassin des Chalutiers* im großen und modern gestalteten **Musée Maritime de la Rochelle** ⑱ (Place Bernard Moitessier, Tel. 05 46 28 03 00, www.museemaritime larochelle.fr, April–Sept. 10–18.30 Uhr, Okt.–März 14–18.30 Uhr) ein Meteorologieschiff und ein Fischtrawler zur Besichtigung. Ferner kann man seine Navigationskünste an einem ferngesteuerten Segelboot ausprobieren.

Auf der anderen Seite des Bassin liegt das sehenswerte **Musée des Automates** ⑲ (rue La Désirée, Tel. 05 46 41 68 08, www.museedesautomates.com, Juli/Aug. tgl. 9.30–19 Uhr, Sept.–Juni tgl. 10–12 und 14–18 Uhr), in dem historische Automaten aus dem 18.–20. Jh. ausgestellt werden. Die mechanischen Figuren von Jacques de Vaucanson (1709–1782) mit ihren komplizierten Mechanismen waren im 18. Jh. eine europaweite Sensation. Am bekanntesten ist wohl sein Flötenspieler, der zwölf Lieder in seinem Repertoire hatte.

ℹ Praktische Hinweise

Information

Office de Tourisme, place de la Petite Sirène, Le Gabut, La Rochelle, Tel. 05 46 41 14 68, Fax 05 46 45 11 56, www.larochelle-tourisme.com

Schiff

Bus de Mer, Tel. 05 46 34 02 22, www.rtcr.fr/services/busmer.php, Bootsverbindung zwischen Vieux Port und Jachthafen Les Minimes.

Croisières Inter-Îles, 3, promenoir des Coureauleurs, Le Gabut, La Rochelle, Tel. 08 25 13 55 00, Fax 05 46 41 16 96, www.inter-iles.com, Ausflüge zu den Inseln Aix, Oléron und Ré.

Hotels

***De la Monnaie**, 3, rue de la Monnaie, La Rochelle, Tel. 05 46 50 65 65, Fax 05 46 50 63 19, www.hotel-monnaie.com. Gepflegtes Haus in einem Stadtpalais.

St-Jean-d'Acre, 4, place de la Chaîne, La Rochelle, Tel. 05 46 41 73 33, Fax 05 46 41 10 01, www.hotel-la-rochelle.com. Schön am alten Hafen gelegenes Hotel mit komfortablen Zimmern.

Scheinbar schwerelos gleitet ein Stachelrochen an den Plexiglasscheiben des Aquariums vorbei, und man kann das majestätische Tier einmal ganz aus der Nähe betrachten

Restaurants

Café de la Paix, 54, rue Chaudrier, La Rochelle, Tel. 05 46 41 39 79. Brasserie im Stil des Fin-de-Siècle, die der Autor Georges Simenon gern besuchte. Einige seiner Kriminalromane spielen in La Rochelle.

Le Comptoir des Voyage, 22, rue Saint-Jean-du-Pérot, La Rochelle, Tel. 05 46 50 62 60. Sehr gutes Restaurant mit einer Mischung aus regionalen Spezialitäten und internationaler Küche.

 Richard Coutanceau, plage de la Concurrence, La Rochelle, Tel. 05 46 41 48 19, www.coutanceau. com. Feinschmecker-Restaurant des gleichnamigen Starkochs von La Rochelle. Er kreiert köstliche Fischgerichte. Unter seinen Händen wird selbst eine schlichte *Mouclade rochelaise* (Miesmuscheln in Wein-Sahnesauce) zu einem kulinarischen Hochgenuss. Die Weinkarte bietet eine gute Auswahl.

10 Île de Ré

Strahlendweiße Inselschönheit.

La Blanche, ›die Weiße‹ wird die unmittelbar vor La Rochelle gelegene Insel Ré auch genannt – vielleicht aufgrund der weiß gestrichenen Häuschen hinter farbenprächtigen Stockrosen, den Salzkegeln in den Salinen oder wegen der hellen Strände? Andererseits gedeihen auf der flachen, 28 km langen und 3–5 km breiten Insel auch Gemüse (feiner Spargel) und Wein, Muschel- und Austern-

Île de Ré

zucht haben die Salzgewinnung größtenteils abgelöst.

Ré, praktisch ein Vorort von La Rochelle, ist eine der beliebtesten **Ferieninseln** der Region und über eine elegante, knapp 3 km lange und gebührenpflichtige **Brücke** erreichbar. Dank der 60 km **Fahrradwege** kann man die Insel jedoch auch gut auf dem Drahtesel erkunden, es gibt zahlreiche Ausleihstationen in La Rochelle und auf Ré.

Der hübsche Hauptort **St-Martin-de-Ré** (2500 Einw.) an der Nordostküste ist noch vollständig von Mauern und Verteidigungsanlagen umgeben, die Vauban im 17. Jh. umfassend modernisierte. Die sternförmige Citadelle am Ostrand jenseits des Parc de la Barbette wurde 1625 konstruiert und dient seit 1798 als Gefängnis. In St-Martin selbst sind die Stadttore von 1685 gut erhalten: Porte Toiras im Osten und Porte des Campani im Westen, beides Meisterwerke mit für Vauban typischen Giebeln und kunstvollen Wappen. Fast mediterran wirkt der kleine Hafen, um den sich viele Restaurants angesiedelt haben. Im 16. und 17. Jh. liefen aus dem Bassin, in dessen Mitte das Gouverneurshaus auf einem Inselchen liegt, die Schiffe nach Übersee aus.

Nahe dem Hafen steht in der Avenue Bouthilliers das restaurierte Renaissancepalais *Hôtel de Clerjotte*, das einst ein Kloster, ab Ende des 17. Jh. das Arsenal der Stadt beherbergte. Heute ist hier das **Musée Ernest Cognacq de Saint-Martin-de-Ré** (13 avenue Victor Bouthillier, Tel. 05 46 09 21 22, Juli–Sept. Mi–Mo 10–19 Uhr, Okt.–März Mo, Mi–Fr 10–12 und 14–17, Sa/So 14–17 Uhr, April–Juni Mo, Mi–Fr 10–12 und 14–18, Sa/So 14–18 Uhr) untergebracht. Es zeigt Exponate zur Inselgeschichte sowie Gemälde, Fayencen und Schiffsmodelle. Auch des in St-Martin geborenen Ernest Cognacq (1839–1929), Gründer des französischen Samariterbundes, wird gedacht.

Über kopfsteingepflasterte Altstadtgassen erreicht man die etwas erhöht liegende **Église St-Martin**. Sie wurde im 15. Jh. errichtet, 1627 bei der Belagerung durch die Engländer zerstört und danach wieder aufgebaut. Nach einem Brand 1964 hat man die Kirche bewusst als Ruine inszeniert. So ragen Mauerreste und Fenster heute leer in den Himmel. Vom intakten Glockenturm genießt man einen herrlichen Ausblick über die roten Altstadtdächer, Zitadelle, Hafen, Meer und einen großen Teil der Insel.

Zu den schönsten Orten auf Ré zählt das einstige Fischerdorf **La Flotte** östlich von St-Martin, das mit seinen weißen Häusern, bunten Fensterläden und blumengeschmückten Gassen viel Charme bewahrt hat. Das von Cafés und Restaurants gesäumte Hafenbecken und der alte Markt in der Ortsmitte laden zu einem Spaziergang ein. Gleichfalls sehenswert sind die Richtung Rivedoux-Plage abseits

Eine vergleichsweise kleine Pforte in der Stadtmauer von St-Martin gewährt nur Fußgängern und Fahrradfahrern Einlass ins Innere des Städtchens

10 Île de Ré

In kühnem Bogen verbindet eine formschöne Brücke die Île de Ré mit dem Festland

in den Feldern gelegenen Ruinen von **Notre-Dame-des-Châteliers**. Langhaus und Kreuzgang der im 12. Jh. gegründeten Zisterzienserabtei sind gut zu erkennen. Das Kloster wurde im 17. Jh. aufgegeben. Aus seinen Steinen errichtete man 1625 zum Schutz von La Rochelle das 1 km entfernte, sternförmige *Fort de la Prée*.

Über **Rivedoux-Plage**, das einen ausgedehnten feinsandigen Strand und einen kleinen Austernhafen besitzt, erreicht man den weitläufigen Ferienort **Le Bois-Plage**, dessen langen, von Dünen gesäumten Strand die Urlauber ebenso schätzen wie das umfangreiche Sport- und Unterhaltungsangebot.

La Couarde-sur-Mer im Süden von Ré ist ein beliebter Badeort mit einem 5 km langen, feinsandigen Strand. Eine Stichstraße führt an Austernbecken und Salinen vorbei nach **Loix-en-Ré**, wo die Zeit stillzustehen scheint. Hier sieht man grüne Fensterläden an weißen Häusern, enge Gassen, die Kirche am friedlichen Dorfplatz und am Hafen die letzte von den Gezeiten angetriebene Mühle der Insel. Sehr aufschlussreich ist ein Besuch des **Écomusée du Marais Salant** (Tel. 05 46 29 06 77, Juni–Sept. tgl. 10–12.30 und 14–19 Uhr, April/Juni, Okt. tgl. 14–17.30 Uhr, www.marais-salant.com), das über die Salzgewinnung sowie die Flora und Fauna der Region informiert.

Im hübschen Städtchen **Ars-en-Ré** steht die älteste Kirche der Insel, umgeben von winkligen Gassen. Diese **Église St-Etienne** (12.–15. Jh.) besitzt ein gut erhaltenes, breites Portal mit reich skulptierten Kapitellen und Archivolten. Der Glockenturm ist von weitem sichtbar, seine unten weiß und oben schwarz gestrichene Spitze diente der Schifffahrt als Landmarke. Im romanisch geprägten Innern ist die mächtige geschnitzte Kanzel von 1614 sehenswert. Früher war Ars ein wichtiger Hafen, in dem Skandinavier und Holländer das zum Konservieren so wichtige Salz einkauften. Heute ist vor allem der große *Jachthafen* nordöstlich von Bedeutung, den ganze Flotillen von Segelbooten nutzen.

An der Landspitze *Pointe des Baleines* strandet mitunter ein Wal. Das Skelett eines solchen Riesen ist im kleinen *Musée de la Mer* (Tel. 05 46 29 44 48, Ostern–Nov. 9.30–12.30 und 14–19 Uhr) ausgestellt.

TOP TIPP Ganz in der Nähe ragt der achteckige Leuchtturm **Phare de Baleines** (Tel. 05 46 29 18 23, April–Juni tgl. 10–19, Juli/Aug. tgl. 9.30–19.30 Uhr, Sept. 10.30–18.30 Uhr, Okt.–März tgl. 10.30–17.30 Uhr) empor. Er ersetzte 1854 die kleinere, am Ufer stehende Tour des Baleines aus dem 17. Jh. Eine elegante Wendeltreppe führt in 257 Stufen zum Türmerstübchen und der darüber liegenden Aussichtsplattform. Aus 55 m Höhe blickt man weit über Insel und Meer bis zum Festland. Seit Anfang 2007 kann hier ein *Museum* der Leuchttürme besichtigt werden.

10 Île de Ré

Nicht nur Kinder begeistert der 500 m vom Leuchtturm entfernte **Parc Amazonia** (Tel. 05 46 29 23 23, www.parc-amazonia.fr, Ostern–Ende Sept. tgl. 10.30–20 Uhr, sonst tgl. 14–19 Uhr), in dem verschiedene exotische Themengärten sowie Affen, Papageien, Flamingos und Fledermäuse besucht werden können.

Gern nutzen Badegäste die herrlichen **Sandstrände** an der Nordspitze, trotz einiger zerfallener Betonbunker deutscher Provenienz. Hier fanden die Dreharbeiten zu dem Hollywoodfilm ›Der längste Tag‹ (1962) über den D-Day statt.

Südlich des von mondänen Ferienvillen geprägten **Les Portes** wurde 1980 ein 150 ha großes Areal einstiger Salinen als Naturreservat **Lilleau des Niges** ausgewiesen, in dem jeden Winter bis zu 50 000 Zugvögel rasten. Führungen werden von der *Maison du Fier* (Tel. 05 46 29 50 74, Mitte Juni–Mitte Sept. tgl. 10–12.30 und 14.30–19 Uhr, www.lilleau.niges.reserves-naturelles.org) in St-Clément-des-Baleines veranstaltet, die auch über Flora und Fauna der Region informiert.

ℹ Praktische Hinweise

Information

Office de Tourisme, quai de Sénac, La Flotte, Tel. 05 46 09 60 38, Fax 05 46 09 64 88, www.ot-laflotte.fr, www.iledere.com

Hotels

***Le Galion**, allée de la Guyane, St-Martin-de-Ré, Tel. 05 46 09 03 19, Fax 05 46 09 13 26, www.hotel-legalion.com. Schön am Hafen gelegenes Hotel. Zimmer mit Frühstück.

Rivotel Le Lamparo, 154, avenue des Dunes, Rivedoux-Plage, Tel. 05 46 09 89 51, Fax 05 46 09 89 04, www.rivotel.com. Von den Zimmern des sehr gepflegten Hotels blickt man teils auf das Meer, teils auf den Swimmingpool.

Restaurants

Le Bistrot de Bernard, 1, quai de la Criée, Ars-en-Ré, Tel. 05 46 29 40 26, www.bistrotdebernard.com. Ausgezeichnetes Fischrestaurant mit Fischskulpturen.

Le Chat Botté, 20, rue de la Mairie, St-Clément-des-Baleines, Tel. 05 46 29 42 09. Exquisite Fischgerichte kann man auf der großen Südterrasse des ›Gestiefelten Katers‹ genießen (Mo geschl.).

11 St-Jean d'Angély und Aulnay

Stilles Städtchen mit Vergangenheit und ein Schmuckstück romanischer Kunst.

In der lieblichen Landschaft der Saintonge liegt an der Boutonne das Städtchen St-Jean d'Angély, häufig ausgeschildert als *St-Jean-d'Y*. Der französische König Louis XIII. ließ 1621 nach erfolgreicher Belagerung die Mauern der damaligen Hochburg der Protestanten schleifen. Das Ortszentrum blieb jedoch von Zerstörungen verschont und heute kann man bei einem Spaziergang die historischen Gassen erkunden. Durch die **Tour de l'Horloge**, einen Wehrturm aus dem 14. Jh., der im 16. Jh. in einen Uhrturm umgewandelt wurde, gelangt man in die Rue Grosse-Horloge mit einigen ausgezeichnet erhaltenen Fachwerkhäusern des 15./16. Jh., ehe man die dreieckige *Place du Pilori* mit dem verspielten Renaissancebrunnen *Fontaine du Pilori* erreicht. Die Rue de l'Abbaye führt zur nahen **Abbaye Royale** (Führungen Juli–Sept. tgl. 15, 16, 17 Uhr), einem im 9. Jh. gegründeten Kloster, das 1562 von Hugenotten zerstört wurde. 1741 begann man mit dem Wiederaufbau der Abteikirche als gewaltigem Barockbau, die Französische Revolution verhinderte jedoch dessen Fertigstellung. Die unvollendete Fassade mit den beiden unvollendeten Türmen lässt ahnen, was hier geplant war. Aus luftiger *Turmhöhe* (Mitte Juni–Mitte Sept. Mo–Fr 11–12.30 und 14.30–18.30, Sa/So 14.30–18.30 Uhr) hat man einen schönen Panoramablick über St-Jean d'Angély und die ländlich geprägte Saintonge. Heute beherbergt die Abtei das Centre de Culture Européenne (www.cceangely.org), die Musikschule und die Bibliothek der Stadt.

17 km nordöstlich ragt bei dem kleinen Ort **Aulnay** eine der bedeutendsten romanischen Kirchen Frankreichs aus den Feldern: **St-Pierre** (12. Jh.), ein harmonisches Ensemble, umgeben von Zypressen inmitten des stillen Friedhofs. Die Kirche an der Pilgerstraße von Tours nach Santiago de Compostela ist seit dem Mittelalter kaum verändert worden. Der Reichtum der gut erhaltenen *Steinmetzarbeiten* an Portalen und Kapitellen macht den besonderen Reiz dieses Bauwerks aus. Ein Juwel ist das filigran wirkende, überreich mit Skulpturen geschmückte Südportal. Mehrere hun-

dert fantasievoll gestaltete Figuren von Heiligen, Tieren und Fabelwesen schmücken die Archivolten des Portals. Im *Innern* der dreischiffigen Hallenkirche im Stil poitevinischer Romanik sieht man interessante Kapitelle, auf denen z. B. Adam und Eva oder Kain und Abel dargestellt sind sowie am Südwestpfeiler der Vierung ein kurios aussehender Elefant.

Praktische Hinweise

Information
Office de Tourisme, 8, rue Grosse-Horloge, St-Jean d'Angély, Tel. 05 46 32 04 72, Fax 05 46 32 20 80, www.angely.net

Restaurant
Le Scorlion, 5, rue de l'Abbaye, St-Jean d'Angély, Tel. 05 46 32 52 61. Feine Küche, beispielsweise Rinderfilet in Trüffelsauce oder Entenfilet mit eingelegten Birnen, im Herzen der Altstadt.

St-Pierre in Aulnay beeindruckt als Wunderwerk reinster Romanik

12 Île d'Aix

Naturidylle pur auf autofreier Insel.

An ein Croissant erinnert die Form der flachen, 130 ha kleinen Insel. Ruhig und ohne Autoverkehr ist sie eine Oase zum Entspannen vor der Küste von Rochefort. Nur 200 Menschen leben ganzjährig hier. Die meisten Urlauber setzen als Tagesausflügler in etwa 20 Minuten vom Fährhafen Fouras über und mieten in Aix, dem einzigen nennenswerten Ort der Insel, eine **Pferdekutsche** oder ein **Fahrrad** für die *Tour de l'Île*. Zu entdecken gibt es auf dem 3 km langen Eiland die drei *Forts* de la Rade, Liédot und Coudepont sowie saubere sandige Badestrände, ein Stückchen Felsküste im Norden, von Seekiefern und Tamarisken gesäumt, und im Südosten vorgelagerte Austernparks.

Viele Franzosen besuchen in Aix das kleine **Musée Napoléonien** (Tel. 05 46 84 66 40, www.musees-nationaux-napoleoniens.org, Juni–Sept. tgl. 9.30–18, April/Mai, Okt. Mi–Mo 9.30–12.30 und 14–18 Uhr, Nov.–März Mi–Mo 9.30–12.30 und

12 Île d'Aix

Ob in Gips, Marmor oder Porzellan, auf der Île d'Aix begegnet man dem großen kleinen Korsen (vorne) auf Schritt und Tritt, zumal in dem ihm gewidmeten Musée Napoléon

14–17 Uhr) in der *Maison du Gouverneur*, das dem berühmtesten Gast der Insel gewidmet ist. Hier verlebte Napoleon I. Bonaparte nach seiner vernichtenden Niederlage bei Waterloo am 13. Juli 1815 seine letzten Stunden auf französischem Boden. Er bat die Engländer vergeblich um Asyl – auch dieser Brief ist hier ausgestellt –, sie brachten ihn von hier aus an seinen endgültigen Verbannungsort St. Helena im Südatlantik. Das Museum präsentiert persönliche Gegenstände und Schriftstücke des Kaisers, sein Schlafzimmer und seine Totenmaske. Wer nach soviel Geschichte noch das Dromedar bewundern möchte, auf dem der Kaiser während seines Ägyptenfeldzugs saß, sollte in das **Musée Africain** (Tel. 05 46 84 66 40, Juni–Sept. tgl. 9.30–12 und 13–18, April/Mai, Okt. Mi–Mo 9.30–12.30 und 14–18 Uhr, Nov.–März Mi–Mo 9.30–12.30 und 14–17 Uhr) gegenüber schauen. Seit 1933 steht dort das ausgestopfte Wüstenschiff neben Jagdtrophäen, die ein Baron de Gourgaud aus Afrika mitbrachte.

Praktische Hinweise

Information
Office de tourisme, 6, rue Gourgaud, île d'Aix, Tel. 05 46 83 01 82, Fax 05 46 83 31 32, www.iledaix.fr

Schiff
Service maritime de l'île d'Aix, Tel. 08 20 16 00 17, www.service-maritime-iledaix.com. Verbindung zwischen Pointe de la Fumée, Fouras und Île d'Aix.

Camping
Camping du Fort de la Rade, bei Aix, Tel. 05 46 84 28 28, Fax 05 46 84 00 44. Sonniger Zeltplatz innerhalb des 1810 erbauten Fort de la Rade.

Hotel
**Napoléon, place d'Austerlitz, Aix, Tel. 05 46 84 66 02, Fax 05 46 84 69 70, www.hotelnapoleon-aix.com. Das kleine und einzige Hotel der Insel bietet komfortable Zimmer und ein Restaurant.

13 Rochefort

Einstiger königlicher Flottenstützpunkt.

Gut geschützt an einer Schleife der Charente, ca. 9 km von der Küste, ließ Louis XIV. ab 1666 ein **Marinearsenal** für den Ausbau seiner Flotte anlegen. Hier wurden Schiffe gebaut, armiert und instand gehalten. In schachbrettartig angelegten Vierteln nahe den Docks siedelten sich Schreinereien, Schmieden, Segelmachereien und Kanonengießereien an. Es entstanden Wohnhäuser für Arbeiter und Seeleute, Geschäfte, ein Krankenhaus – kurz, eine neue Stadt für bis zu 8000 Menschen (heute 26 000 Einw.). Der Baumeister Jean Baptiste Colbert ließ ein Fun-

Rochefort

dament aus Eichenbohlen in den sumpfigen Boden legen, das Arsenal, Pulvermagazine und insbesondere die große Seilerei **Corderie Royale** direkt am Flussufer tragen sollte. In diesem 373 m langen Bauwerk wurden die bis zu 50 cm dicken Hanftaue für die Segelschiffe hergestellt. Heute beherbergt die einstige königliche Reeperbahn das **Centre International de la Mer** (Tel. 05 46 87 01 90, www.corderie-royale.com, April–Sept. tgl. 9–19, Okt.–März 10–18 Uhr) mit einer Dokumentation zur Herstellung von Schiffstauen im Laufe der Jahrhunderte sowie einer ausgezeichneten nautischen Buchhandlung. Südlich davon ist im Hôtel des Cheusses (17. Jh.), der ehem. Kommandantur, das interessante **Musée de la Marine** (1, place de la Galissonnière, Tel. 05 46 99 86 57, www.musee-marine.fr, April–Sept. tgl. 10–18.30, Okt.–März tgl. 13.30–18 Uhr, Jan. geschl.) untergebracht. Es hat die Marine des 17.–20. Jh. sowie das Arsenal zum Thema und zeigt Schiffsmodelle, nautische Geräte, Karten und Galionsfiguren. In einem der gemauerten alten Trockendocks wird seit 1997 eine Replik des 1779 in Rochefort vom Stapel gelaufenen Dreimasters Hermione nachgebaut, die 2007 fertig werden soll. Mit dem Schiff war 1780 der junge Marquis de La Fayette nach Westen aufgebrochen, um im amerikanischen Unabhängigkeitskrieg mitzukämpfen.

Ein instruktives Modell der Stadt im Jahr 1835 und des bis 1927 in Betrieb befindlichen Arsenals kann man im **Musée d'Art et d'Histoire** (63–65 avenue de Gaulle, Tel. 05 46 82 91 60, nach vier Jahren des Umbaus im Dezember 2006 wieder eröffnet) sehen. Ferner werden Objekte und Kunst aus fernen Ländern gezeigt, die Seeleute von ihren Fahrten mitbrachten.

In eine andere Welt versetzt den Besucher die äußerlich unscheinbare **Maison de Pierre Loti** (141 rue Pierre Loti, Tel. 05 46 99 16 88, Mitte Juni–Sept. tgl. 09.45–12.45 und 13.45–19.15 Uhr, Okt.–Mitte Juni tgl. 10–12.45 und 13.45–17.15 Uhr, Besichtigung nur nach Voranmeldung und nur mit Führung, großer Andrang) in der Altstadt. Sie ist das Geburtshaus des Marineoffiziers Julien Viaud (1850–1923), der sich als Romancier Pierre Loti nannte. Die Einrichtung spiegelt das Leben und den Geschmack des exzentrischen, weit gereisten Schriftstellers wider, Souvenirs aus aller Herren Länder zieren das kurios gestaltete Haus. In dem türkischen Salon,

Prachtexemplare von Schiffsmodellen kann man im Musée de la Marine bewundern

Kopie einer Moschee mit erlesenem türkisfarbenem Mosaik, persischen Teppichen und Koransprüchen an den Wänden sowie im Renaissance-Saal mit flämischen Tapisserien werden die Fantasie des Schriftstellers, seine Vorliebe für Selbstdarstellung, für Orientalisches, Exotik und für die Vergangenheit sichtbar.

Den exotischen Zauber des Morgenlandes ließ der Schriftsteller Pierre Loti in seinem Geburtshaus in La Rochelle aufleben

13 Rochefort

Fromme Pilger, frühe Touristen

Wahre Menschenströme zogen im Mittelalter als Wallfahrer durch Frankreich auf dem Weg ins spanische **Santiago de Compostela**. Dort hatte man um 830 Spuren eines antiken Grabes gefunden, das die Legende dem **hl. Jakobus** zuschrieb. Das politische Klima, in dem die ›Entdeckung‹ des Grabes stattfand, war von der **Reconquista** bestimmt, der Rückeroberung Spaniens aus den Händen der Araber, vom Kampf der christlichen Welt gegen das Vordringen der Muslime auf der iberischen Halbinsel.

Pilger aus ganz Europa zogen auf vier **Hauptrouten** durch Frankreich nach Spanien; die westliche verlief über Poitiers, Aulnay, St-Jean d'Angély, Saintes und Bordeaux. Eine Nebenstrecke führte an der Küste der Region Landes entlang von Soulac nach Bayonne. Am Fuß der Pyrenäen in St-Jean-Pied-de-Port vereinten sich drei Hauptstrecken zu einem Weg über das Gebirge. Im Laufe eines Jahres zählte man bis zu 500 000 **Jacquets** (von Jacques = Jakobus), die an ihrem weiten Umhängemantel, dem breitkrempigen Hut mit der Jakobsmuschel, Schultertasche und Stock zu erkennen waren. Überwog anfangs der religiöse Charakter der Wallfahrten, wurde die Pilgertour bald zu einem gesellschaftlichen, politischen und geradezu **touristischen** Ereignis. Wohlhabende Bürger, Adelige, Fürsten und Könige zogen nach Santiago. Entlang der Routen entstanden Klöster, Hospize, Herbergen und Tavernen, um die frommen Wandersleute zu versorgen. Die Orte an den Pilgerstrecken erlebten einen wirtschaftlichen und kulturellen **Aufschwung**, Baumeister und Künstler trugen romanische und gotische Baukunst in bis dahin völlig entlegene Landstriche. So kamen Städtchen wie Aulnay, Soulac oder St-Sever zu zauberhaften romanischen Kunstwerken. Die Verbreitung des Protestantismus und die Glaubenskriege führten im 16. Jh. zu einem Nachlassen der Wallfahrten. Seit einigen Jahren steigt die Zahl der Pilger aber wieder: 2004 erreichten 179 000 Pilger Santiago de Compostela.

Ausflug

Ein lohnender Abstecher führt von Rochefort ca. 20 km nach Südosten. Dort liegt bei dem Dörfchen St-Porchaire, von einem dichten Eichenwald umgeben, das **Château La Roche-Courbon** (Tel. 05 46 95 60 10, www.t3a.com/LaRocheCourbon, Mitte Mai–Mitte Sept. tgl. 10–12 und 14.30–18 Uhr, Mitte Sept.–Mitte Mai Mi–Mo 10–12 und 14.30–17 Uhr). Es wurde nach Ende des Hundertjährigen Krieges 1475 errichtet und im 17. Jh. barock umgestaltet mit Freitreppe zur herrlichen Parkanlage, Rundturmen und Arkadengang. Die Repräsentationsräume des prächtigen Schlosses sind mit Mobiliar aus dem 19. Jh. ausgestattet. Nach der Besichtigung lädt der große Schlosspark mit seinen Gärten und Grotten zu einem Spaziergang ein.

🛈 Praktische Hinweise

Information
Office de Tourisme, avenue Sadi-Carnot, Rochefort, Tel. 05 46 99 08 60, Fax 05 46 99 52 64, www.ville-rochefort.fr

Hotel
Hotel de la Corderie Royale, rue Audebert, Rochefort, Tel. 05 46 99 35 35, Fax 05 46 99 78 72, www.corderieroyale.com. Neben der alten Seilerei liegt das wohl beste Hotel der Stadt. Es wurde in der einstigen Artilleriekaserne eingerichtet, die freundlich ausgestatteten Zimmern mit Blick zum Garten oder über die Charente haben eine sehr angenehme Atmosphäre.

14 Brouage

Festungsstädtchen in den Marschen.

Reizvolle **Spazier-** und **Fahrradwege** durchziehen die flache, von Kanälen, Salinen und Austernzuchtbecken geprägte Küstenlandschaft südlich von Rochefort. Aus ihr ragt, heute gut 3 km vom Atlantik entfernt, die stattliche Zitadelle von Brouage auf. Sie sollte den einst bedeutenden Kriegs- und Salzhafen schützen, der noch im 17. Jh. am Meer lag. Kardinal Richelieu ließ 1630–40 die alten, um 1570 errichteten Befestigungsanlagen verstärken und ganz Brouage zu einer Festung ausbauen, die eine **Garnison** von 6000 Mann aufnehmen konnte. Doch Ende des 17. Jh. verlor sie allmählich an Bedeutung, der Hafen versandete, Handel und

Marennes

Einen Besuch wert ist das landschaftlich schön gelegene Château La Roche-Courbon, nicht zuletzt wegen seiner ausgedehnten, ausgeklügelt gestalteten Gärten

militärische Aktivitäten verlagerten sich nach Rochefort. Nach wie vor umgibt die rechteckige Wallanlage mit vorspringenden Eckbastionen den Ort, der heute etwas verloren im sumpfigen *Marais de la Seudre* liegt. Seit 1885 steht die historische Festung unter Denkmalschutz. Ein Bummel durch die rechtwinklig angelegten Straßen versetzt den Besucher ins 17. Jh., so wenig wurde hier verändert.

Man betritt die Festung durch die **Porte Royale** im Norden, an deren Wänden noch Graffiti der einstigen Wachsoldaten zu sehen sind. Die ›Königliche Pforte‹ ist Teil der rund 2 km langen und 13 m hohen **Wallanlage**, die auf einem Pfahlfundament im morastigen Boden ruht. Die Wälle sind begehbar und ermöglichen einen weiten Blick über das von Kanälen und Tümpeln durchzogene Umland. In der früheren Schmiede, **La Forge**, gleich an der Porte Royale hat das Touristenbüro seinen Sitz. Im Norden des Festungsbereichs liegt das ehem. **Palais des Gouverneurs**. Hier logierte 1659 für einige Monate Maria Mancini, Nichte von Kardinal Mazarin. Ihr Onkel hatte sie in die Garnisonstadt verbannt, um sie von ihrem Geliebten Louis XIV. zu trennen. Der spätere Sonnenkönig sollte die spanische Infantin Maria Theresa heiraten [s. S. 116f.] und nicht Maria, der er die Ehe versprochen hatte.

Im Osten der Festung Brouage ist die imposante, 54 m lange **Halle aux Vivres** (Tel. 05 46 85 77 77, tgl 10.30–18 Uhr) erhalten, in der über 700 Fässer mit Lebensmitteln aufbewahrt werden konnten. Heute wird in der alten Lagerhalle eine interessante Sammlung zur Entwicklung des Ortes gezeigt, mit Modellen, historischen Stichen und Objekten. Eine Gedenktafel markiert das Geburtshaus von **Samuel de Champlain** (1570–1633). Der Entdecker und Politiker leitete die Kolonialisierung Kanadas ein und gründete 1608 die Stadt Québec.

Praktische Hinweise

Information
Office de Tourisme, rue de Québec, Hiers-Brouage, Tel. 05 46 85 19 16, Fax 05 46 76 36 35, www.officedetourisme brouage.com

Restaurant
Le Brouage, rue de Québec, Brouage, Tel. 05 46 85 03 06, www.le-brouage.com. Das Lokal in der Hauptstraße serviert reichhaltige Menüs, vor allem Fischspezialitäten.

15 Marennes

Heimat der grünen Marennes-Auster.

Mitten in einem bedeutenden Austernzuchtgebiet, einer flachen, von Kanälen und aufgegebenen Salinen durchzogenen Landschaft am Mündungstrichter der

15 Marennes

Seudre liegt das 5000-Seelen-Städtchen Marennes. Schon von weitem sieht man den 85 m hohen gotischen **Clocher**, den Glockenturm der *Église St-Pierre-de-Sales*. Umgekehrt bietet sich bei klarem Wetter von der balustradengesäumten Galerie in 55 m Höhe ein herrlicher Ausblick auf die vorgelagerten Inseln Oléron und Aix, das Fort Boyard, Brouage und die von oben wie Patchwork wirkenden Austernbecken.

Harte Schale, weicher Kern

45% der französischen Austernproduktion, etwa 5000 t jährlich, stammen aus den **Bassins** um **Marennes**. Sie werden von salzigem Meerwasser überflutet, erhalten aber durch die Flüsse Charente, Seudre und Gironde auch Süßwasser. So entsteht ein für Austern ideales, nur mäßig salzhaltiges Milieu.

Austernzucht ist mühevolle **Handarbeit**. Zuerst werden Ziegel oder Muscheln an Drähten aufgereiht ins Meer gebracht, damit sich die im Wasser schwebenden Austernlarven daran festsetzen können. Sind sie nach einem Jahr herangereift, löst man sie von den Strängen und setzt sie in Zuchtbecken, später in Mastparks um. Gut **vier Jahre** benötigt eine Muschel, bis sie zum Verzehr reif ist. Im Laufe dieser Zeit muss sie bis zu 40 Mal bearbeitet, d. h. von Schlick gesäubert, sortiert und umgesetzt werden.

Ursprünglich kultivierte man in der Mündung der Seudre und vor der Ostküste der Île d'Oléron die delikate **Huître plate**, die ›flache Auster‹, heute dominiert die widerstandsfähigere japanische **Creuse**. Die Besonderheiten der **Marennes-Oléron Austern** sind ihr leichter Nussgeschmack und der grünliche Schimmer der Austernkiemen. Dieser entsteht durch die Navicule Bleue, eine Algenart, die in den Claires – flachen, dem Gezeitenwechsel unterworfenen Becken – lebt und von der sich die Austern ernähren. Als **Fines de Claires** kommt die Delikatesse in den Handel. Mittlerweile sind die Austern sogar zum Ziel von Räubern geworden: Vor Weihnachten 2004 wurden bei Oléron in einem einzigen Diebeszug fast 20 Tonnen Austern gestohlen.

Wer sich über die Zucht der berühmten Auster **Marennes-Oléron** anschaulich informieren möchte, kann im Touristenbüro im Zentrum des kleinen Ortes einen Videofilm darüber betrachten oder, vorbei an dem pittoresken Jachthafen, auf die gut 3 km lange Landzunge **La Cayenne** hinausfahren. Die Strecke ist gesäumt von den bunten Hütten der Muschelzüchter (Dégustation). An der Landspitze werden **Bootsfahrten** angeboten: Bei Ebbe geht es zu den Austerngärten im Mündungsbereich der Seudre, bei Flut macht man eine ausgedehnte Rundfahrt Richtung Île d'Oléron.

Südlich von Marennes erstreckt sich entlang der Küste der herrliche Kiefern- und Eichenwald **Forêt de la Coubre**, den man auf Reit-, Wander- und Radwegen am schönsten erleben kann.

ℹ Praktische Hinweise

Information
Office de Tourisme, place Chasseloup-Laubat, Marennes, Tel. 05 46 85 04 36, Fax 05 46 85 14 20, www.mairie-marennes.fr

Restaurant
La Verte Ostrea, port de La Cayenne, Marennes, Tel. 05 46 85 36 00. Beliebtes Restaurant am Ende der Landnase, in dem Muscheln, Austern und Meeresgetier frisch serviert werden.

16 Île d'Oléron   *Plan Seite 55*

Ferieninsel par excellence.

Die mit 175 km² nach Korsika zweitgrößte europäische Insel Frankreichs ist besonders bei Familien und Campern beliebt, bietet sie doch viel Abwechslung: schöne Sandstrände, Wäldchen, schmucke Dörfer, im Süden mediterrane Vegetation mit Mimosen, Oleander und Palmen, im Osten Weinfelder und Austerngärten. Etwa 18 000 Menschen leben hier, rund 200 000 Sommergäste heißt man jedes Jahr willkommen. Die 30 km lange und bis zu 6 km breite Insel ist seit 1966 über die knapp 3 km lange, inzwischen kostenlos befahrbare Brücke **Viaduc d'Oléron** ❶ von Marennes aus per Auto zu erreichen.

Durch *Aliénor d'Aquitaine* kam Oléron 1154 an England und blühte durch Wein- und Salzhandel auf. Aliénor zog sich Ende des 12. Jh. auf das Eiland zurück und erließ

16 Île d'Oléron

Schmuck und aufgeräumt präsentiert sich die Île d'Oléron ihren Besuchern, wie beispielsweise hier am Canal d'Arceau nahe heimischer Austernbecken

zum Schutz gegen überhand nehmende Piraterie die **Rôles d'Oléron**, eines der ersten abendländischen Seerechte, das zehn Artikel umfasste. In den Religionskriegen stand die Insel auf Seiten der Hugenotten. Der katholische Sieger Richelieu ließ 1630 aus strategischen Gründen auf einem Felsplateau über dem Ort **Château d'Oléron** ❷ an der Südostküste eine Zitadelle erbauen, die Vauban im 17. Jh. modernisierte. Von der Brücke kommend sieht man die noch heute mächtigen Mauern rechts über dem Hafen von Oléron. Wehrmauern und Bastionen umschließen das gesamte Städtchen, auf dessen zentraler *Place de la République* sich an Markttagen lebhaftes Treiben entfaltet.

Nordwestlich von Château d'Oléron beginnt die **Route des Huîtres** ❸, die Austernstraße. Sie schlängelt sich an der Ostküste durch eine reizvolle, von Kanälen und früheren Salzgärten geprägte Landschaft. Die Szenerie ändert sich unweit des lebhaften Badeorts **Boyardville** ❹. Zur Beliebtheit des Ferienzentrums tragen auch ein großer Jachthafen, drei schöne Sandstrände und der sich nördlich anschließende dichte Wald *Forêt des Saumonards* bei. Eine Schmalspurbahn verkehrt zwischen dem Ortszentrum und den Stränden. Beim Baden im Atlantik sollte man die starken Strömungen nicht unterschätzen.

Weit draußen im Meer, vor dem feinen Sandstrand *Grandes Sables*, ist das klotzige **Fort Boyard** ❺ zu sehen. Diese eigenwillig in Form einer Ellipse konstruierte Seebastion ist 68 m lang, 31 m breit und 28 m hoch. 1804 begonnen, war das Fort bereits vor Fertigstellung aufgrund der Weiterentwicklung der Waffentechnik als Schutz für das Festland überflüssig geworden und diente lange als Gefängnis. Ab Boyardville werden Bootsausflüge angeboten, bei denen man das trutzige Fort umrunden kann, Anlegen ist jedoch nicht möglich.

Im Norden locken kleine Hafenorte wie *Plaisance*, *Le Douhet* oder *La-Bréeles-Bains* mit schönen Stränden. **St-Denis-d'Oléron** ❻ mit romanischer, nach Zerstörung in den Religionskriegen wieder aufgebauter Kirche hat sich mit Campingplätzen und großem Jachthafen zu einem gern besuchten Urlaubsziel entwickelt. Hauptanziehungspunkt im äußersten Norden der Insel ist der **Phare de Chassiron** ❼ (Juli/Aug. tgl. 10–20 Uhr, Mai/Juni, Sept. tgl. 10–12 und 14–19 Uhr, Okt.–März tgl. 10–12 und 14–17 Uhr). Der Leuchtturm bietet aus 50 m Höhe ein schönes Panorama über Insel, Meer und Festlandküste.

Auf dem Kanal von Boyardville vergnügen sich im Sommer Segler ebenso wie die Besitzer von Motorbooten. Und wer höhere Wellen bevorzugt, hat es nicht weit zum Meer

Die ausgesprochen reizvolle, stellenweise felsige Westküste der Île d'Oléron ist dem Atlantik ungeschützt ausgesetzt und wird daher **Côte Sauvage** ❽, ›wilde Küste‹, genannt. Sie ist ein beliebtes Revier für Surfer und verfügt auch über ausgezeichnete Sandstrände.

Zum Einkaufen und Bummeln kommen die meisten Urlauber in den angenehm geschäftigen Hauptort **St-Pierre d'Oléron** ❾ (5000 Einw.) in der Inselmitte. An der zentralen *Place Camille-Memain* erhebt sich der 25 m hohe Säulenturm **Lanterne des Morts**, im späten 12. Jh. zum Andenken an die Verstorbenen errichtet. Über eine Innentreppe kann man bis in die Spitze klettern, dort wurde früher ein Feuer für die Toten entzündet. Literarisch Interessierte suchen die **Maison des Aieuiles** in der Rue Pierre Loti Nr. 13 auf (keine Innenbesichtigung), wo der Schriftsteller Pierre Loti (1850–1923) häufig seine Ferien verbrachte und in deren Garten er auch begraben wurde. Wenige Schritte entfernt informiert das **Musée de l'Île d'Oléron** (9, place Gambetta, Tel. 05 46 75 05 16, Juni–Sept. 9.30–13 und 14–19 Uhr, April/Mai, Okt. 10–12 und 14–18 Uhr, Nov–März 14–17.30 Uhr) über Geschichte und Besonderheiten der Île d'Oléron. Man sieht ein Modell des Fort Boyard, Fotos und Briefe von Pierre Loti sowie die inseltypische Haube *Quichenotte*. Diese weit vorkragenden Kopfbedeckungen sollten angeblich die Gesichter der Damen vor Sonne und anderen Zudringlichkeiten schützen. *Kiss not* nannten sie die Engländer, woraus sich das französische Wort entwickelt haben soll.

Einige Kilometer südlich von St-Pierre lädt der **Parc Ornithologique du Marais aux Oiseaux** ❿ (Tel. 05 46 57 37 54, April–15. Sept. tgl. 10–19 Uhr, 15. Sept.–Okt. tgl. 14–19 Uhr, www.oiseauxmaraispoitevin.com) an der D 734 zu einem naturkundlich interessanten Besuch ein. Das etwa 10 ha umfassende Naturschutzgebiet dient rund 60 Vogelarten, von Schnepfen und Rallen bis zu Raubvögeln, als Heimat.

Der Süden von Oléron verfügt über wunderschöne Sandstrände: vom *Vert-Bois* im Westen, von dem aus man traumhafte Sonnenuntergänge genießen kann, über die lange *Grand-Village-Plage* bis zum Strand von St-Trojan im Osten, bis zur *Plage de Gatseau*, an der man allerdings nur bei Flut baden kann. **St-Trojan-les-Bains** ⓫ ist ein lebhafter Bade- und Kurort, in dem Thalassotherapie angeboten wird. Sein gepflegter, 200 ha großer Stadtwald *Forêt de St-Trojan* lädt zum Wandern ein.

Eine besondere Sehenswürdigkeit Olérons ist der **Port des Salines** ⑫ nordwestlich von St-Trojan im Inland bei Grand-Village. Dort wird in restaurierten Salinen wieder Salz gewonnen. Das kleine *Écomusée du Port des Salines* (Tel. 05 46 75 82 28, Juni–Aug. tgl. 9.30–11.45 und 14.30–18 Uhr, April/Mai, Sept. Di–Sa 9.30–11.30 und 14.30–17 Uhr) informiert über die Salzproduktion, die Baugeschichte von Fort Boyard und über die auf der Insel gebräuchlichen, gemauerten Fischschleusen.

Praktische Hinweise

Information

Maison du Tourisme, route du Viaduc (zu Beginn der Brücke auf dem Festland), Bourcefranc, Tel. 05 46 85 65 23, Fax 05 46 85 68 96, www.ile-oleron-marennes.com

Office de Tourisme, place de la République, Château d'Oléron, Tel. 05 46 47 60 51, Fax 05 46 47 73 65, www.ot-chateau-oleron.fr

Camping

**Les Remparts, Château d'Oléron, Tel. 05 46 47 61 93, Fax 05 46 47 73 65. Der schattige Platz liegt zentrumsnah und teilweise auf dem Wall.

Hotels

Atlantic, rue de la Sablière, La Ménounière (4 km westlich von St-Pierre), Tel. 05 46 47 07 09, Fax 05 46 47 28 49, http://site.voila.fr/hotel.oleron.
In Strandnähe gelegenes, ruhiges Ferienhotel mit Restaurant und Garten.

L'Ecailler, 65, rue du Port, La Cotinière, Tel. 05 46 47 10 31, Fax 05 46 47 10 23. Das Haus mit Blick auf den Fischerhafen bietet sehr gepflegte, komfortable Zimmer. Das Restaurant ist für gute Fischgerichte und Meeresfrüchte bekannt.

Restaurants

Le Petit Coivre, D 734, St-Pierre, Tel. 05 46 47 44 23. In dem exquisiten Restaurant wird überwiegend Fisch serviert – gekocht, gegrillt, gebacken – stets delikat. Reservierung ratsam.

Le Relais des Salines, Port des Salines, Grand-Village, Tel. 05 46 75 82 42. Inmitten von Salinenbecken liegt das rustikale Restaurant, in dem Fische, Austern und anderes Meeresgetier abwechslungsreich zubereitet werden.

17 Royan

Wie Phoenix aus der Asche entstand die Stadt neu aus ihren Trümmern.

Feine Sandstrände, hier *Conches* genannt, und die benachbarte **Côte de Beauté**, die ›Küste der Schönheit‹, locken seit dem 19. Jh. Urlauber in die hübsch am Nordufer der Girondemündung gelegene Stadt (17 000 Einw). Von den mondänen Villen und Hotels der Belle Époque, die das Seebad noch Anfang des 20. Jh. prägten, sind aber nur wenige im westlichen Ortsteil *Pontaillac* erhalten. Grund dafür ist, dass britische Bomber Royan im Zweiten Weltkrieg bei einem irrtümlichen Angriff fast vollständig zerstörten. Den damaligen Kriegsereignissen und ihren Folgen für die Stadt ist das *Musée Historique de la Poche de Royan* (route de Marennes, Tel. 05 46 22 89 90, Juli/Aug. tgl. 10–19 Uhr, Sept.–Juni tgl. 10–12 und 14–18 Uhr) in Gua, 10 km nördlich von Royan, gewidmet.

17 Royan

Ungewöhnlicher Blickfang in Beton – die moderne Église Notre-Dame wurde wie beinahe ganz Royan nach dem Zweiten Weltkrieg neu erbaut

Die Stadt wurde nach 1945 im Stil der 1950er-Jahre wieder aufgebaut. Erfolgreich versucht man in Royan, das eher kantige Stadtbild durch Parks und Blumenrabatten zu beleben. Wahrzeichen ist der 65 m hohe, halbrunde Turm der **Église Nôtre-Dame**, die 1955–58 im Stadtzentrum aus Beton errichtet wurde.

Nichtsdestotrotz ist Royan einer der gefragtesten Badeorte an der französischen Atlantikküste. Das liegt nicht zuletzt an der **Grande Conche** im Südosten der Stadt, einem 3 km langen, selbst bei Flut noch 50 m breiten Sandstrand, sowie an dem umfangreichen Sport- und Veranstaltungsangebot. Reizvoll ist auch ein Bummel über die Strandpromenade zum großen Jacht- und Fischerhafen an der weiten Girondemündung, in dessen Nähe die Autofähre zur Pointe de Grave [s. S. 87] ablegt. Nur ein felsiges Kap trennt die Gemeinde Royan hier von der gemütlicheren Nachbarstadt **St-Georges-de-Didonne** mit ebenfalls ausgezeichnetem Sandstrand.

Ausflüge

Bei klarer Sicht kann man 11 km westlich vor Royan im Meer den 66 m hohen **Phare de Cordouan** (www.littoral33.com/cordouan, April–Sept. Besichtigung nach Anmeldung beim Office de Tourisme von Le-Verdon-sur-mer, s. u.) ausmachen, den 1584–1611 erbauten und somit dienstältesten Leuchtturm Frankreichs, der seit 1862 unter Denkmalschutz steht. Man betritt den von einem steinernen Sockel vor der Brandung geschützten Turm durch ein monumentales Renaissanceportal. Über eine elegante Wendeltreppe erreicht man den 1. Stock mit dem in schwarz-weißem Marmor gehaltenen, mit Steinmetzarbeiten geschmückten *königlichen Appartement* Maria Theresas und Louis' XIV. Den 2. Stock nimmt die

Trockenen Fußes kommt man nicht zum Phare de Cordouan. Die letzten Meter heißt es ›Die Röcke raffen und waten!‹

von einer blau bemalten Kassettenkuppel überwölbte Kapelle *Notre-Dame de Cordouan* mit Glasfenstern aus dem 17. Jh. ein. Wer die fünf weiteren Etagen über knapp 300 Stufen bis zur Spitze hinaufsteigt, wird mit einem weiten Blick über die Girondemündung bis nach Royan und zu den Sandstränden der südlichen Silberküste belohnt. Man erreicht den Leuchtturm in einem etwa vierstündigen Ausflug ab Royan (Tel. 05 46 06 42 36, www.royancroisieres.fr) oder ab der Pointe de Grave [s. S. 87].

Sehr beliebt ist auch ein Abstecher in das nordwestlich von Royan gelegene Ferienzentrum **La Palmyre** an der schönen Bucht *Bonne Anse*, die eine über 4 km lange, sandige Nehrung schützt. Weit über die Region hinaus ist der in einem Kiefern- und Eichenwald auf 14 ha reizvoll angelegte **Zoo de la Palmyre** (Les Mathes, Tel. 05 46 22 46 06, www.zoo-palmyre.fr, April–Sept. tgl. 9–19 Uhr, Okt.–März 9–18 Uhr) bekannt, in dem Affen, Eisbären, Giraffen, Seelöwen und farbenprächtige Papageien zu bestaunen sind, um nur einen Teil der zahlreichen Tierparkbewohner zu nennen.

 **Praktische Hinweise**

Information
Office de Tourisme,
rond-point de la Poste, Royan,
Tel. 05 46 05 04 71, Fax 05 46 06 67 76,
www.royan-tourisme.com
Office de Tourisme, 22, rue François Le Bretton, Le Verdon-sur-Mer,
Tel. 05 56 09 61 78, Fax 05 56 09 61 32,
www.littoral33.com/Le_Verdon.htm

Schiff
Bac Royan–Le Verdon, Tel. 05 46 38 35 15, www.bernezac.com/passages_eau.htm.
Die Überfahrt mit der Autofähre dauert 30 Min.

Hotel
**Belle-Vue, 122, avenue de Pontaillac, Royan, Tel. 05 46 39 06 75, Fax 05 46 39 44 92, www.bellevue-pontaillac.com. Das Haus liegt reizvoll an einer in die Steilküste eingeschnittenen Bucht mit 600 m langem Sandstrand.

Restaurant
Le Chalet, 6, boulevard de la Grandière, Royan, Tel. 05 46 05 04 90. Empfehlenswertes Lokal mit regionaler Küche, z. B. Lammkeule mit weißen Bohnen.

Formvollendete Schönheit offenbart der Treppenaufgang des Phare de Cordouan

18 Meschers-sur-Gironde

Traumhaftes Wohnen in den Steilfelsen.

Auf einem Kalkplateau im Norden hoch über der Girondemündung liegt der kleine Ort, der wegen seiner **Höhlen** im Steilufer berühmt wurde. Durch Erosion entstanden, dienten die Grotten bereits in prähistorischer Zeit als Wohnstätten, in späteren Jahrhunderten suchten hier Schmuggler und Piraten, während der Glaubenskriege verfolgte Protestanten Zuflucht. Heute werden die vom Landesinnern aus unsichtbaren Höhlen – modern ausgebaut – als Ferienapartments genutzt. Öffentlich zugänglich sind die **Grottes de Matata** sowie die **Grottes de Régulus** (81, boulevard de la Falaise, Tel. 06 03 18 54 42, Juli/Aug. tgl. 10.30–18.30 Uhr, Mitte Juni–Anfang Juli, Ende Aug.–Mitte Sept. tgl. 10.30–17.30 Uhr, Anfang April–Mitte Juni, Mitte Sept.–Anfang Nov. tgl. 14.30–17.30 Uhr, die Führung dauert eine Dreiviertelstunde), in der ein kleines Museum das Leben in einer Höhlenwohnung veranschaulicht.

18 Meschers-sur-Gironde

Ferien mal anders – die Höhlenwohnungen von Meschers-sur-Gironde sind komfortabel und bieten einen weite Blick über das Meer

Ausflug
Südlich von Meschers sieht man das romanische Kirchlein **Ste-Radegonde-de-Talmont** zauberhaft auf dem Steilufer über der Gironde thronen. Zwar fiel das Langhaus einem Hochwasser zum Opfer, doch Querschiff und Chor mit drei Apsiden (12. Jh.) blieben erhalten.

Praktische Hinweise

Information
Office de Tourisme, 31, rue Paul Massy, Meschers, Tel. 05 46 02 70 39, Fax 05 46 02 51 65, www.meschers.com

Hotel
TOP TIPP **Les Grottes de Matata**, 67, boulevard de la Falaise, Meschers, Tel. 05 46 02 70 02, Fax 05 46 02 78 00, www.grottesdematata.com. Schön in die Steilklippe gebautes Hotel. Die Zimmer haben Ausblick auf die Gironde – traumhaft bei Sonnenuntergang.

19 Saintes

Amphitheater und Votivbogen – römische Geschichte aus erster Hand.

Die schöne Lage an der gemächlich dahinfließenden Charente, das gemütliche, vom Stil des 17./18. Jh. geprägte Zentrum und die vielen Baudenkmäler aus römischer und frühchristlicher Zeit machen die Kleinstadt (28 500 Einw.) zu einem der beliebtesten Ziele in der Saintonge.

Geschichte Zwar verdankt Saintes den in vorchristlichen Jahrhunderten in der Region ansässigen Santonen seinen Namen, doch eigentlich ist es eine römische Gründung. Um 20 n. Chr. wird *Mediolanum Santonum* als Endpunkt einer wichtigen, von Lyon kommenden Römerstraße erstmals erwähnt. Kurze Zeit war der Ort sogar Hauptstadt Aquitaniens, ehe Poitiers und Bordeaux der Vorrang gegeben wurde. Die Wikinger wüteten im 9. Jh. schwer in der Stadt, die im Mittelalter zum Zankapfel in dem Konflikt zwischen Plantagenêts und Capetingern wurde. Auch in den Religionskriegen hatte das protestantische Saintes sehr zu leiden. Im 18. Jh. kam das Städtchen jedoch mit Textilherstellung sowie Cognac- und Weinhandel zu Wohlstand.

Besichtigung An die einst bedeutende gallo-römische Siedlung erinnert der mächtige **Arc de Germanicus** ❶ im Stadtzentrum am rechten Charenteufer. Wie aus einer Inschrift hervorgeht, hatte ein gewisser Gaius Julius Rufus das monumentale Doppeltor 18/19 n. Chr. zu Ehren von Kaiser Tiberius und dessen Söhnen Germanicus und Drusus errichten lassen. Es stand ursprünglich auf einer Brücke über den Fluss, die jedoch 1848 abgerissen wurde. Damals veranlasste Prosper Mérimée, der ›Denkmalschützer des 19. Jh.«, die Verlegung des Bogens an seinen heutigen Standort.

Im südlich anschließenden **Musée Archéologique** ❷ (esplanade André Malraux, Tel. 05 46 74 20 97, Juni–Sept. Mo–Sa 10–18, So 13.30–18 Uhr, Okt.–Mai Mo–Sa 10–17, So 13.30–17 Uhr, jeden 1. Mo im Monat geschlossen) kann man Reliefs, Grabstelen und weitere Funde aus der römischen Vergangenheit von Saintes bewundern. Unmittelbar hinter dem Museum beginnt der hübsch angelegte **Jardin Public** ❸, in dem man unter schattigen Bäumen spazieren und auf gepflegten Rasenflächen picknicken kann.

Über die Rue Arc de Triomphe ostwärts gelangt man zu einer der kunstvollsten romanischen Kirchen der Saintonge, der zum 1047 gegründeten Benediktinerinnenkonvent gehörenden **Ste-Marie-aux-Dames** ❹. Man erkennt sie leicht an dem spitzkegeligen Turm über der Vierung. Ihre zweigeschossige Fassade mit dem herrlichen, überreich skulptierten Portal ist ein Meisterwerk romanischer Steinmetzkunst. Acht Bögen überspannen den Eingang, im zweiten Bogenband sind das Lamm Gottes und die vier Evangelisten dargestellt, im fünften der Kindermord zu Bethlehem. Die angrenzenden Klostergebäude (17./18. Jh.) nutzen ein Konservatorium und die *Académies Musicales de Saintes* (www.abbaye

Angenehme Proportionen kennzeichnen das Stadtbild von Saintes auch von oben

Seltenheitswert besitzt der römische Arc de Germanicus aus dem 1. Jh. n. Chr. am Ufer der Charente; sogar die Weihetafeln an den Innenseiten der Bögen sind noch zu lesen

Romanische Bilderwelt vom feinsten umgibt den Portalbogen von Ste-Marie-aux-Dames

auxdames.org), die im Juli Konzerte mit historischer Musik und Instrumenten veranstalten.

Wieder zurück am Fluss, blickt man von der angenehm schattigen Promenade am Musée Archéologique auf das gegenüberliegende Ufer und den Westteil der Stadt. Ihn bestimmt der 72 m hohe Glockenturm der **Cathédrale St-Pierre** ❺. Ab 1117 erbaut, ist sie eine der wenigen gotischen Kirchen der Saintonge. Die Skulpturen des reich verzierten Westportals sind leider nur teilweise erhalten, ebenso der Kreuzgang aus dem 13./14. Jh.

Westlich der Kathedrale beginnt das untertags quirlige Geschäftszentrum, in dem auch das elegante alte Rathaus aus dem 16. Jh. mit seiner im 18. Jh. entstandenen Fassade liegt. In dem Gebäude zeigt das **Musée de l'Échevinage** ❻ (29, rue Alsace-Lorraine, Tel. 05 46 93 52 39, Juni–Sept. Di–So 13.30–18 Uhr, Okt.–Mai Di–So 13.30–17 Uhr) Sèvres-Porzellan sowie Gemälde aus dem 19. und 20. Jh., wobei neoklassizistische Werke ebenso vertreten sind wie impressionistische.

Das nordöstlich gelegene **Musée du Présidial** ❼ (28, rue Victor-Hugo, Tel. 05 46 93 03 94, Juni–Sept. Di–So 13.30–18 Uhr, Okt.–Mai Di–So 13.30–17 Uhr) stellt Malerei des 15.–17. Jh. aus, vornehmlich der flämischen und niederländischen Schule, sowie Keramik aus der Saintonge (16. Jh.) von Bernard Palissy, der das Emaillieren zur Meisterschaft brachte.

Trachten, Schmuck, Keramik, Stiche, eine Galionsfigur und Schiffsmodelle kann man bei einer Führung durch das **Musée Dupuy-Mestreau** ❽ (4, rue Monconseil, Tel. 05 46 93 36 71, Juni–Sept. Di–So 10–18 Uhr, Okt.–Mai Di–So 10–17 Uhr) entdecken. Mit seinen Kassettendecken und Tapisserien ist auch das Palais von 1738 sehenswert, in dem die bunte Sammlung 1920 untergebracht wurde.

Sehr interessant ist die jenseits der Cours Reverseaux, westlich der eigentlichen Altstadt etwas erhöht gelegene romanische **Église St-Eutrope** ❾. Mönche aus Cluny bauten sie im 9.–12. Jh., jedoch sind von der 1096 geweihten Wallfahrtskirche nur Chor, Querschiff und Krypta erhalten. Letztere entstand bereits im 4. Jh. und verfügt über fantastisch gearbeitete *Kapitelle* sowie den noch auf

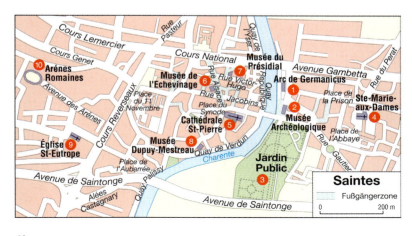

Relativ schmucklos gibt sich der helle Innenraum der Cathédrale St-Pierre, doch Spitzbögen und schlanke Fensteröffnungen verweisen auf ihren gotischen Ursprung

römische Zeit zurückgehenden Sarkophag des hl. Eutropius, des Missionars der Saintonge.

Von hier ist es nicht weit zu dem in seiner Anlage noch gut erkennbaren Amphitheater, den **Arènes Romaines** ⑩ (rue Lacurie, Tel. 05 46 97 73 85, Juni–Sept. tgl. 10–20 Uhr, Okt.–Mai Mo–Sa 10–17, So 13.30–17 Uhr) aus dem 1. Jh. n. Chr. Das 126 x 102 m messende Oval bot seinerzeit 15 000 Zuschauern Platz, Indiz für die Größe und Bedeutung von Saintes während der Römerzeit.

ℹ Praktische Hinweise

Information
Office de Tourisme, Villa Musso, 62, cours national, Saintes, Tel. 05 46 74 23 82, Fax 05 46 92 17 01, www.ot-saintes.fr

Hotel
Des Messageries, rue des Messageries, Saintes, Tel. 05 46 93 64 99, Fax 05 46 92 14 34, www.hotel-des-messageries.com. Ansprechendes Hotel in der Fußgängerzone.

Restaurant
Le Jardin du Rempart, 36, rue du Rempart, Saintes, Tel. 05 46 93 37 66. Freundlicher Service und gute Gerichte für jeden Geldbeutel. Reservieren ratsam.

⑳ Cognac

Die Heimat des international bekannten und hochprozentigen ›Göttergetränks‹.

Lieblich, hügelig, bedeckt mit Wiesen und Weinfeldern ist die Landschaft, in der die weltberühmte Kleinstadt (20 000 Einw.) an der Charente liegt. Beschaulich wirkt der alte Stadtteil **Vieux Cognac**, der sich vom mächtigen Stadttor **Porte St-**

Jacques (1499–1500) am Fluss bis hinauf zur Église St-Léger mit ihrer romanischen Fassade und der schönen spätgotischen Rosette über dem Hauptportal zieht. Schmale Gässchen mit Kopfsteinpflaster, gesäumt von alten Fachwerkhäusern, laden zum Bummeln ein.

Die meisten Besucher kommen nach Cognac, um die riesigen Weinlager (*Chais*) mit den schier endlosen Fassreihen zu bestaunen und den ganz eigenen Duft verdunstenden Alkohols zu schnuppern, denn das Städtchen ist die Heimat des gleichnamigen, weltbekannten **Weinbrands**. Den Alkoholdämpfen ist übrigens die leicht graue Patina zu verdanken, die Altstadthäuser, Lagerhallen und Gemäuer überzieht. Es handelt sich dabei um winzige Pilze, die sich vom *Part des Anges* ernähren, dem ›Anteil der Engel‹, wie man den flüchtigen Dunst poetisch nennt.

Knapp ein Dutzend Destillerien laden zu Führungen ein, darunter so renommierte wie *Hennessy* und *Rémy-Martin*. Besonders interessant ist eine Besichtigung bei **Otard** (Tel. 05 45 36 88 86, www.otard.com, Juli/Aug. tgl. 10–12 und 13.30–19 Uhr, April–Juni, Sept./Okt. 10–12 und 14–18 Uhr), das den Firmensitz im **Château des Valois** (13.–16. Jh.) hat, in dem 1494 der spätere König François I. geboren wurde († 1547). Bei einem Rundgang erfährt man nicht nur Wissenswertes über die Cognac-Herstellung, sondern sieht auch die Kapelle, in der der kleine François getauft wurde, die strenge *Salle du Casque* aus dem 13. Jh., sowie einen hübschen Renaissance- und Ständesaal.

Der lokalen Kunst, Volkskunde und Archäologie ist das **Musée d'Art et d'Histoire** (48 boulevard Denfert-Rochereau, Tel. 05 45 32 07 25, April–Okt. Mi–Mo 10–18, Nov.–März Mi–Mo 14–17.30 Uhr) gewidmet. Es zeigt eine Piroge aus der Jungsteinzeit, Gemälde, Skulpturen und Kunstgegenstände des 13.–20. Jh., ferner Hausrat und Trachten mit den hier traditionellen Hauben.

Über die Herstellung und den Handel des Cognac informiert das ansprechende **Musée des Arts du Cognac** (place de la Salle Verte, Tel. 05 45 36 21 10, www.musees-cognac.fr, April–Okt. Di–So 10–18 Uhr, Nov.–März Di–So 14–17.30 Uhr). Das ›Wasser des Lebens‹ wird hier als Kulturgut erfahrbar.

Praktische Hinweise

Information
Office de Tourisme, 16, rue du 14 juillet, Cognac, Tel. 05 45 82 10 71, Fax 05 45 82 34 47, www.tourism-cognac.com

Cognac-Hersteller
Hennessy, quai Richard Hennessy, Cognac, Tel. 05 45 35 72 68, www.hennessy.com, Juni–Sept. tgl. 10–18 Uhr, März–Mai, Okt.–Dez. tgl. 10–17 Uhr. Zu besichtigen sind die ausgeklügelten Lager und ein kleines Böttchermuseum.

Das Verkosten des jahrelang gelagerten Weinbrandes ist eine Kunst, die Sachverstand, Übung und eine – im wahrsten Sinne des Wortes – gute Nase verlangt

Was lange währt, wird endlich gut! Erst nach einem halben Jahrhundert entfaltet stilvoll in Eichenfässern gelagerter Cognac sein volles reiches Geschmacksaroma

Kleine Cognac-Kunde

Bereits im 3. Jh. wurde an der Charente Wein angebaut und nach Nordeuropa exportiert. Er war aber leider nach den langen Transporten kaum mehr genießbar. Im 17. Jh. kamen findige Briten auf den Gedanken, den Wein zu destillieren, um ihn haltbarer zu machen. Das Resultat nannten sie **Brandwine**. Als im 18. Jh. ein Winzer darauf verfiel, das erste Destillat noch einmal zu brennen und es anschließend – wahrscheinlich aus Vergesslichkeit – mehrere Jahre in Eichenfässern ruhen ließ, war der Cognac geboren.

Auf den Weinfeldern der Region Cognac wird überwiegend die weiße Rebsorte **Ugni Blanc** angebaut, die Wein mit hohem Säure- und geringem Alkoholgehalt ergibt. Nach dem Gären wird der junge Wein in zwei Durchläufen **destilliert**, erst dann folgt der wohl wichtigste Vorgang der Cognac-Herstellung, der **Verschnitt**. Dabei werden verschiedene Weinlagen und Jahrgänge vermischt, um den spezifischen Geschmack der jeweiligen Marke zu kreieren. Nach 2–3 Jahren Lagerung in Eichenfässern ist der Cognac trinkreif, längere Lagerung veredelt ihn. Nach etwa 50 Jahren ist ein Cognac optimal ausgereift.

Die Auszeichnungen **VS** oder *** darf ein Cognac tragen, dessen jüngster Weinbrand mindestens 4½ Jahre alt ist, **VSOP** (very superior old pale) oder **Réserve**, wenn der jüngste Weinbrand zwischen 4½ und 6½ Jahren alt ist. Die Bezeichnungen **Napoléon**, **XO** und **Hors d'Age** wiederum sind Bränden vorbehalten, deren jüngster enthaltener Weinbrand mindestens 6½ Jahre alt ist.

Martell, place Edouard Martell, Cognac, Tel. 05 45 36 33 33, www.martell.com, Juni–Sept. Mo–Fr 10–17, Sa/So 11–17 Uhr, April/Mai, Okt. Mo–Fr 10–17, Sa/So 12–17 Uhr. Das 1715 gegründete und somit älteste Cognac-Unternehmen ist stolz auf seine Tradition.

Rémy-Martin, Merpins, 5 km westlich von Cognac, Tel. 05 45 35 76 66, www.remy.com, Mai–Sept. Mo–Sa 10–17 Uhr (Reservierung empfohlen). Besucher werden mit einem Mini-Zug durch das weitläufige Gelände gefahren.

Hotels

Le Moulin de Cierzac, Cierzac (12 km südlich von Cognac), Tel. 05 45 83 01 32, Fax 05 45 83 03 59, www.moulindecierzac.com. Idyllisch gelegenes Hotel mit Restaurant in einer Mühle aus dem 18. Jh.

Les Pigeons Blancs, 110, rue Jules-Brisson, Tel. 05 45 82 16 36, Fax 05 45 82 29 29, www.pigeons-blancs.com. Heimeliges Hotel mit in dem hübsch restaurierten Gebäude einer Posthalterei aus dem 17. Jh.

Bordeaux und Gironde – im Land der großen Weine

Die elegante Hauptstadt der Region Aquitaine und des Département Gironde, **Bordeaux**, ist blühendes Verwaltungs- und Handelszentrum, Bischofssitz und Universitätsstadt. Ihre von klassizistischen Gebäuden geprägte Altstadt erstreckt sich am linken Ufer der Garonne, an der auch der geschäftige Hafen liegt – immerhin nach Marseille Frankreichs zweitwichtigster Anleger für Kreuzfahrtschiffe. Von enormer wirtschaftlicher Bedeutung sind die außerhalb gelegenen Frachthäfen, in denen vor allem Wein aus dem Umland, dem *Bordelais*, verschifft wird.

Das sanft hügelige Weinanbaugebiet zwischen den Flüssen Dordogne und Garonne wird als **Entre-Deux-Mers** bezeichnet. Inmitten der Rebfelder liegt an den Ufern der Dordogne der malerische Winzerort **St-Emilion**. Auch die herrschaftlichen Güter und mittelalterlichen Burgen entlang der Garonne lohnen einen Besuch, etwa das Wasserschloss **La Brède**, in dem 1689 der Schriftsteller und Staatstheoretiker Charles de Montesquieu geboren wurde.

Die renommiertesten Bordeaux-Weine werden im **Médoc** erzeugt, auf der Halbinsel zwischen Gironde und Atlantik. Weiter südlich lockt die **Côte d'Argent**, die rund 200 km lange ›Silberküste‹, Sonnenanbeter und Surfer mit schier endlosen, feinsandigen Stränden und tosender Atlantikbrandung. Attraktive Binnenseen wie der **Lac d'Hourtin et de Carcans** in ausgedehnten Kiefernwäldern bieten ebenfalls ausgezeichnete Bade- und Wassersportmöglichkeiten. Ihren landschaftlichen Höhepunkt erreicht die Côte d'Argent südlich von **Arcachon** bei der **Dune du Pilat**, der mit 114 m höchsten Wanderdüne Europas.

21 Bordeaux *Plan Seite 66/67*

Kosmopolitische Weinmetropole.

Klassizistische Prachtbauten, mehrstöckige Weinlagerhäuser aus dem 18. Jh. und weite, offene Plätze sind charakteristisch für Bordeaux (230 000 Einw.). Zu der aufgeschlossenen Atmosphäre in der Stadt tragen nicht nur die 70 000 Studenten der Universität bei, auch Händler und Seeleute aus aller Welt prägen das Bild der traditionsreichen Hafenstadt an der Garonnemündung. Die großen Frachter werden heute freilich im 90 km flussabwärts errichteten Außenhafen Le Verdon an der Mündung der Gironde beladen und gelöscht. Aber im halbmondförmigen Flusshafen Port de la Lune inmitten der Stadt legt eine wachsende Zahl von internationalen Kreuzfahrtschiffen an. Immerhin gibt es für Landgänger einiges zu entdecken und sie ersparen sich die Anfahrt über ausgedehnte Neubauviertel und Autobahnringe.

Geschichte Kelten und Römer gründeten vor rund 2000 Jahren **Burdigala**, eine rege Handelsstadt, die im 1. Jh. n. Chr. bereits 25 000 Einwohner zählte. Reste des römischen Amphitheaters und der Wein erinnern an diese Epoche: Um 50 n. Chr. pflanzten Römer die ersten Rebstöcke auf dem Stadtgebiet.

Auch in westgotischer Zeit, im 6./7. Jh., blieb Bordeaux ein bedeutendes regionales Zentrum, wurde sogar Hauptstadt des Herzogtums von Aquitanien. Durch die Heirat Aliénors d'Aquitaine mit dem späteren englischen König Henri Plantagenêt (1152) kam Bordeaux 1154 an die **bri-

◁ *Tradition verpflichtet – Château Pichon-Longueville im Médoc genießt als Heimat eines großen Weines internationales Renomée*

21 Bordeaux

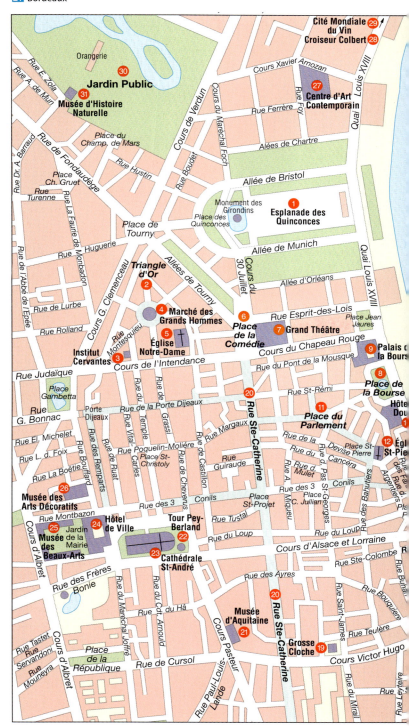

21 Bordeaux

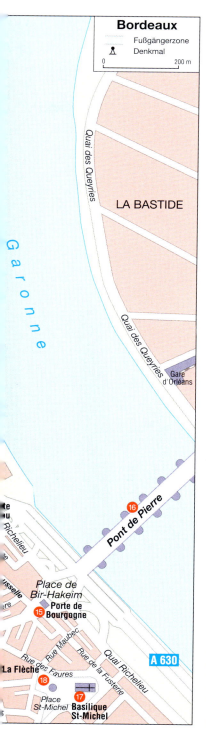

tische **Krone**. Die folgenden drei Jahrhunderte ließen die Stadt wirtschaftlich erblühen, nicht zuletzt, da Bordeaux-Weine, besonders der *Claret*, in großen Mengen nach Britannien exportiert wurden. Doch Frankreich focht die englische Herrschaft beständig an, im wahrsten Sinne des Wortes. Der sich daraus ergebende **Hundertjährige Krieg** endete 1453 in der Schlacht von Castillon mit der Niederlage der Engländer und Bordeaux kam an die **französische Krone**. Der Weinhandel erlitt zwar einen gewissen Schaden, aber im 16. Jh. bescherte das Geschäft mit dem vor der Küste gefangenen Kabeljau der Stadt einen erneuten Aufschwung.

Seine Blütezeit erlebte Bordeaux im Zeitalter des Übersee- und Sklavenhandels, im 18. Jh. Es avancierte zur bedeutendsten **Hafenstadt** Frankreichs. Verwaltet wurde der wichtige Warenumschlagplatz durch **Intendanten**, die der absolutistisch herrschende König einsetzte. Diese kunstsinnigen Beamten wie Louis Marquis de Tourny oder Nicolas François Dupré de Saint-Maur veränderten Anfang des 18. Jh. das damals noch mittelalterliche Stadtbild, das sich innerhalb von 60 Jahren in ein klassizistisches verwandelte. Sie ließen die alten Stadtmauern abtragen und machten Bordeaux zu der harmonisch wirkenden, eleganten Stadt mit schnurgeraden, breiten Alleen, großzügigen Plätzen und Palais, die sie im Zentrum noch heute ist.

Auch die **Intellektuellen** zog es in die Stadt. Anfang des 18. Jh. etwa arbeitete der Philosoph Charles de Montesquieu hier als Jurist. Die geistige Blüte förderte die 1712 mit königlicher Unterstützung gegründete *Académie Royale*, Vorläuferin der heutigen Universität. Während der **Französischen Revolution** (1789–99) gründeten Abgeordnete aus Bordeaux und Umgebung eine gemäßigte, dem Föderalismus verpflichtete Partei, die *Girondins*. Sie konnte sich jedoch gegen die radikalen Jakobiner um Georges Danton und Jean-Paul Marat nicht behaupten. 1793 wurden in Bordeaux 22 Girondisten unter dem Vorwand antirepublikanischer Umtriebe hingerichtet.

Anfang des 19. Jh., zur französischen **Kaiserzeit**, traf das von Napoleon I. Bonaparte gegen Englands Wirtschaftsinteressen angeordnete Ausfuhrverbot, die *Kontinentalsperre*, die alte Handelsstadt hart. Von diesem Schlag erholte sich Bordeaux selbst nach Beendigung der Napoleonischen Kriege 1815 nur langsam.

Gesprengte Ketten – die hochaufragende Figur auf dem Monument des Girondins verkörpert den Triumph der Freiheit

Verheerende wirtschaftliche Schäden richtete auch eine Reblausplage an, der 1876 fast alle Weinstöcke des Bordelais zum Opfer fielen.

Sowohl während des Ersten als auch während des Zweiten Weltkrieges verlegte die französische Regierung aus Sicherheitsgründen ihren Sitz von Paris in den relativ ruhigen Südwesten nach Bordeaux. Die **Nachkriegsära** der Stadt prägte der konservative Gaullist Jacques Chaban-Delmas, Bürgermeister von 1947 bis 1995. Einerseits trieb er Bordeaux' *industrielle Entwicklung* voran und förderte neben dem Weinhandel auch die Computer-, Flugzeug- und Autoindustrie. Andererseits ist er für das wenig geliebte, modernistische Hochhausviertel *Mériadeck* verantwortlich, das seine grauen Betontürme unmittelbar westlich des Rathauses in den Himmel reckt.

Nördliche Altstadt

Der folgende Stadtrundgang erschließt das Zentrum südlich der rechteckig angelegten **Esplanade des Quinconces** ①. Die 12 ha große Schotterfläche im Norden der Altstadt unmittelbar am Westufer der Garonne zählt zu den größten Plätzen Europas. Einige Teile sind zum Parken ausgewiesen. In Ufernähe stand bis 1828 die Festung *Château Trompette*, ehe sie einer umfassenden Stadtsanierung zum Opfer fiel. Als Zeichen seiner zurückgewonnenen Macht hatte der französische König Charles VII. die Schlossfestung 1453 nach Ende des Hundertjährigen Krieges im anglophilen Bordeaux errichten lassen. Rund 200 Jahre später, 1675, begehrten die Stadtbewohner wegen drücken-

Die monumentalen Figuren des zentralen Brunnens um das Monument des Girondins beherrschen die weite Esplanade des Quinconces

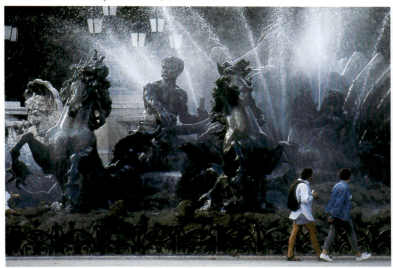

Bordeaux

Grandiose Treppenfluchten erwarten die Zuschauer im Foyer des Grand Théâtre an der Place de la Comédie, die zu sehen allein schon einen Theaterbesuch wert ist

der Steuern gegen Louis XIV. auf. Nachdem diese Revolte niedergeschlagen war, ließ der Sonnenkönig die Festung Trompette ausbauen und umliegende Viertel abreißen, um für die Kanonen im Bedarfsfall freies Schussfeld auf die Stadt zu schaffen.

Zwei *Rostrasäulen*, die Handel und Schifffahrt symbolisieren, schließen seit 1829 den Platz zum *Quai Louis XVIII.* an der Garonne hin ab. Auf der gegenüberliegenden Seite der Esplanade ehrt das **Monument des Girondins** die 1793 hingerichteten Revolutionäre aus dem Bordelais. Den 1894–1902 errichteten, mächtig-pompösen Brunnen schmücken zahlreiche allegorische Bronzefiguren, etwa die der Beredsamkeit und der Vergangenheit. Darüber erhebt sich die 43 m hohe Säule, auf der als Sinnbild der Freiheit eine geflügelte Frauengestalt triumphiert.

Triangle d'Or ❷ nennt man den eleganten Innenstadtbereich, der sich südwestlich an die Esplanade anschließt. Der Name ›Goldenes Dreieck‹ ist passend, reihen sich doch zwischen den Straßen *Allées de Tourny*, *Cours Clemenceau* und *Cours de l'Intendance* Luxusgeschäfte und Boutiquen aneinander – von Juwelen bis zu Designerkleidung gibt es hier alles, was gut und teuer ist. An der Cours de l'Intendance findet sich mit dem **Instituto Cervantes** ❸ (57, cours de l'Intendance, Tel. 05 56 52 79 37, www.burdeos.cervantes.es, Bibliothek: Mo–Do 10.30–18.30, Fr 10.30–13.30 Uhr) aber auch ein Stück Kultur. Im 19. Jh. nahm Bordeaux viele Spanier auf, die der Absolutismus Fernandos VII. ins Exil getrieben hatte. Im Haus Nr. 57 verbrachte der berühmteste von ihnen, der Maler Francisco José de Goya (1746–1828), die letzten Monate seines Lebens. Das Kulturzentrum in der 3. Etage zeigt Briefe, Dokumente und Reproduktionen seiner Werke.

Den an sich hübschen kleinen *Place des Grands Hommes* dominiert heute der **Marché des Grands Hommes** ❹ (www.bouquinistes-bordeaux.com), eine etwas wuchtig geratene, mehrstöckige Boutiquengalerie aus Glas und Metall, in der man stilvoll shoppen kann. Unweit östlich erinnert die üppige Barockfassade der 1684–1707 von Dominikanern erbauten **Église Notre-Dame** ❺ an die Kirche *Il Gesù* in Rom. Außer der sehr schönen Orgel und der geschnitzten Kanzel kann man im Innern Gemälde von Jean André (1718–41) bewundern.

Neben der Kirche führt die 1878 eröffnete, überdachte *Galerie Sarget* zurück zum Cours de l'Intendance. Von dort sind es nur wenige Schritte nach Osten zum Herzen der Stadt, der **Place de la Comédie** ❻. Hier präsentiert sich Bordeaux in der ganzen Pracht des 18. Jh. Geradezu monumental wirkt die Fassade des **Grand Théâtre** ❼, eines klassizistischen Glanzstücks, das der Pariser Architekt Victor Louis 1773–80 auf den Ruinen eines gallo-römischen Tempels erbaut hatte. Sechs umlaufende Stufen führen zu der *Kolonnade* aus zwölf korinthischen Säulen, auf denen eine Balustrade ruht, geschmückt und gegliedert durch die Statuen der neun Musen sowie der antiken Göttinnen Aphrodite, Hera und Athene. Besondere Beachtung verdient das großzügige Vestibül mit Kassettendecke, dorischen Säulen und raumgreifendem Treppenaufgang. Diese beeindruckende Gestaltung ahmte rund 100 Jahre später der Architekt Charles Garnier 1875 beim Bau der *Pariser Oper* nach. Imposant ist auch der 1992 originalgetreu in Weiß, Blau und Gold restaurierte *Zuschauersaal*. Das üppig ausgestattete Theater kann im Rahmen einer Führung besichtigt werden, zu der man sich im Touristenbüro anmeldet.

Um viel Geld ging es stets bei den Geschäften im Palais de la Bourse

Am linken Ufer der Garonne

Folgt man dem überwiegend von großbürgerlichen Wohnhäusern des 18. Jh. gesäumten *Cours du Chapeau Rouge*, erreicht man die sehr schöne **Place de la Bourse** ❽ am Flussufer. Der Platz ist halbkreisförmig von harmonisch aufeinander abgestimmten klassizistischen Gebäuden umgeben. Hofarchitekt Jacques Gabriel begann 1731 auf Geheiß des Intendanten Boucher mit dem Bau des Ensembles um die damalige *Place Royale*, sein Sohn Jacques-Ange Gabriel vollendete sie 1755. Die zierliche Fontaine *Trois Grâces*, der Brunnen der drei Grazien in der Platzmitte, kam allerdings erst 1864 anstelle der 1792 eingeschmolzenen bronzenen Reiterstatue von Louis XV. hinzu. Im Norden des Platzes erinnert das dreistöckige **Palais de la Bourse** ❾, in dem bis ins 19. Jh. die Börse untergebracht war, an die Zeiten des Wohlstandes, die der bedeutsame Flusshafen am nahen Quai de la Bourse Bordeaux bescherte. Das klassizistische Gegenstück im Süden ist das Stadtpalais **Hôtel des Douanes** ❿. In dem früheren Zollamt erläutert das **Musée National des Douanes** (1, place de la Bourse, Tel. 05 56 48 82 82, Di–So 10–18 Uhr) anhand von Dokumenten, Uniformen und Modellen in aller Ausführlichkeit die Geschichte des französischen Zollwesens.

TOP TIPP Über die kurze Rue Fernand-Philippart erreicht man die **Place du Parlement** ⓫, einen wunderschönen, autofreien Platz mit Cafés und Restaurants. Er wurde bereits 1670 geschaffen, doch erst 1754 als Marktplatz ausgebaut, gepflastert und mit stattlichen großbürgerlichen Wohnhäusern umgeben. Ihre Erdgeschossfronten sind größtenteils als Arkaden ausgeführt, die Schlusssteine der Bögen fantasievoll mit plastischen Grotesken (*Mascarons*) verziert. Deren menschliche Gesichtszüge wiederholen sich in den vier Wasserspeiern des verspielten Rokokobrunnens (1865) im Zentrum des Platzes, der das angenehme Ambiente stimmungsvoll ergänzt.

Im sich südlich anschließenden Viertel *St-Pierre* entdeckt man zahlreiche weitere, für Bordeaux so typische Bürgerhäuser mit schmiedeeisernen Balkonen und reliefierten Steinmasken über den Fensterbögen. Die Pfarrkirche **Église St-Pierre** ⓬ an der kleinen *Place St-Pierre* entstand im 15./16. Jh. und besitzt ein hübsches spätgotisches Portal. An dieser Stelle hat-

Bordeaux

Ein Café an der zur Fußgängerzone umgestalteten Place du Parlement ist der richtige Ort, um die Eindrücke eines Stadtbummels in Ruhe auf sich wirken zu lassen

te sich in römischer Zeit der Binnenhafen befunden. Heute verläuft der Fluss rund 200 m weiter östlich. Den Weg dorthin weist die prächtige **Porte Cailhau** ⑬ vom Ende des 15. Jh. Damals widmete Bordeaux das repräsentative Tor dem französischen König Charles VIII. Eine Statue des Herrschers, umgeben von Erzbischöfen, ziert die Flussseite. Im Innern des Torbogens ist eine kleine Ausstellung zur Stadtgeschichte untergebracht (Juni–Sept. tgl. 14–19 Uhr).

Angenehm kann man durch die alte **Rue de la Rousselle** ⑭ südwärts schlendern. Im Eckhaus Nr. 23/25 wurde 1533 der Philosoph und Schriftsteller *Michel de Montaigne* geboren, der 1581–85 Bürgermeister der Stadt war. Eine schlichte Gedenkplatte erinnert hier an den großen Sohn der Stadt. Die Gasse mündet in den verkehrsreichen Cours Victor Hugo, der von der pompösen **Porte de Bourgogne** ⑮ dominiert wird. Dieser antikisierende Triumphbogen war 1751–55 im Rahmen von Tournys Generalsanierung anstelle des mittelalterlichen Stadttors *Porte des Salinières* errichtet worden. Dahinter überspannt der 1810–22 erbaute **Pont de Pierre** ⑯ die Garonne. Diese älteste der drei Flussbrücken im Innenstadtbereich ist beachtliche 486 m lang und führt über 17 Bögen zum Stadtteil *La Bastide*. Während der Bauarbeiten hatte Ingenieur Claude Deschamps übrigens erstmals Taucherglocken eingesetzt.

Blickfang der Place du Parlement ist der hübsche steinerne Brunnen in seiner Mitte

Quartier St-Michel

Südlich des Cours Victor Hugo beginnt der pittoreske Stadtteil St-Michel. Hier lebt in erschwinglichen Mietshäusern ein buntes Völkergemisch aus Bordelais, Maghrebins, Spaniern und Portugiesen. Ein besonderes Erlebnis ist der am Sonntagvormittag auf der *Place St-Michel* stattfindende Flohmarkt **Marché aux Puces**. Das Angebot umfasst Kitsch und Kunst, spiegelt daneben aber auch Bordeaux' multikulturelle Vielfalt wider. Seinen Namen erhielt der ausgedehnte Platz nach der spätgotischen **Basilique St-Michel** ⑰, die sich seit 1350 (Fertigstellung 1475) in seiner Mitte erhebt. Das äußerlich schmucklose Gotteshaus ist innen prächtig ausgestattet. Aufmerksamkeit erwecken vor allem das reich geschnitzte Chorgestühl, aber auch die Barockorgel und die modernen Buntglasfenster, u. a. von Max Ingrand. Einige Meter westlich der Basilika steht der sechseckige Glockenturm (1472–92), im Volksmund **La Flèche** ⑱ (Juli–Sept. tgl. 14–19 Uhr), der Pfeil, genannt. Von dem 114 m hohen Turm – nach dem des Straßburger Münsters der zweithöchste Frankreichs – hat man einen ausgezeichneten Blick über die Schleife der Garonne und die Innenstadt bis weit über die Vororte von Bordeaux hinaus.

Westliche Altstadt

Folgt man dem Cours Victor Hugo nach Westen, sieht man rechts bald die **Grosse Cloche** ⑲. Der wuchtige, unverwechselbare Bau diente im 13. Jh. als Stadttor und Uhrturm des damaligen Rathauses. Er ist eines der wenigen erhaltenen Relikte der Plantagenêt-Herrschaft in Bordeaux. Wie der Name bereits sagt, hing hier seit jeher eine ›dicke Glocke‹, die zu Beginn der Weinlese oder bei Bränden ertönte. Die heute über der Uhr sichtbare Glocke stammt aus dem 18. Jh. Einige Querstraßen weiter kreuzt man die **Rue Ste-Catherine** ⑳, die quirlig lebhafte *Fußgängerzone* bis zur Place de la Comédie, danach biegt rechts der Cours Pasteur ab. Seit 1986 stellt dort in dem lang gestreckten Bau der einstigen *Faculté des Lettres* (1885) das **Musée d'Aquitaine** ㉑ (20, cours Pasteur, Tel. 05 56 01 51 00, Di–So 11–18 Uhr) wichtige archäologische Funde der Region aus und bietet einen umfassenden Überblick über die Stadtgeschichte. Es gibt römische Spiegel und Parfümfläschchen zu sehen sowie Rüstungen und Wappen aus dem Hundertjährigen Krieg. Weitere Abteilungen widmen sich dem Weinbau, der Austernzucht und der Schifffahrt. Mittlerweile wird hier auch das 20. Jh. historisiert: Eine Dauerausstellung geht auf die letzten 100 Jahre in Aquitanien ein.

Nördlich läuft die Cours Pasteur bzw. die Rue Dubergier schnurgerade auf die freistehende **Tour Pey-Berland** ㉒ (place Pey-Berland, Tel. 05 56 81 26 25, Juni–Sept. tgl. 10–18 Uhr, Okt.–Mai Di–So 10–12.30 und 14–17.30 Uhr) zu, 1440 erbaut und nach ihrem erzbischöflichen Auftraggeber benannt. Von der Aussichtsgalerie des 113 m hohen Glockenturms hat man einen herrlichen Blick über die Stadt, die Garonnebiegung und das Umland. Seit 1863 ziert die aus vergoldetem Metall gearbeitete Statue *Notre-Dame-d'Aquitaine*, eine bekrönte Maria mit Jesuskind auf dem linken Arm, die Turmspitze.

Die Tour Pey-Berland überragt deutlich die beiden Kirchtürme der unmittelbar benachbarten **Cathédrale St-André** ㉓, die zu Beginn des 12. Jh. auf romanischen Grundmauern entstand. Kaum war der einschiffige Hauptbau errichtet, fand in der Kathedrale am 25. Juli 1137 die Hochzeit von Aliénor d'Aquitaine mit dem

Der Bau der Pont de Pierre über die Garonne war eine technische Meisterleistung

Kostbarkeiten aus zwei Jahrtausenden, römische Statuen, Architekturfragmente und kunstvolle Bodenmosaike finden im Musée d'Aquitaine einen würdigen Rahmen

Thronerben Frankreichs, dem späteren Louis VII. statt. 1250–1400 wurde das Gotteshaus um ein Querschiff und den erhöhten Chor erweitert. Im Gegensatz zur schmucklosen Hauptfassade ist das *Nordportal* von 1330 reich mit Steinmetzarbeiten geschmückt: Oben sieht man Christus den Erlöser, darunter Christi Himmelfahrt, dann das Letzte Abendmahl. In den Wölbungen finden Figuren von Engeln, Aposteln und Propheten ihren Platz. Rechts daneben befindet sich die schöne *Porte Royale*, das Königsportal von 1250, das seit Beginn des 19. Jh. geschlossen ist. Es zeigt im Tympanon eine kunstvolle Darstellung des Jüngsten Gerichts, beiderseits der Tür Skulpturen der Apostel und Bischöfe. Harmonisch ist das 124 m lange *Kircheninnere* mit dem weiten, von einem Rippengewölbe überspannten Langhaus, eindrucksvoll auch der hochgotische Chor mit Kapellenkranz.

Jenseits des Kathedraleingangs befindet sich das 1770 erbaute, zweiflügelige *Palais Rohan*, das nur kurze Zeit – bis zum Ausbruch der Französischen Revolution 1789 – Sitz des Erzbischofs war und seitdem als **Hôtel de Ville** 24, als Rathaus, dient. In einem nördlichen Nebengebäude ist das **Musée des Beaux-Arts** 25 (Jardin de la Mairie, 20, cours d'Albret, Tel. 05 56 10 20 56, Mi–Mo tgl. 11–18 Uhr) untergebracht. Neben Arbeiten von in Bordeaux einst heimischen Malern wie Odilon Redon und Albert Marquet sind Gemälde von Jan Brueghel, Tizian, Rubens, Delacroix und Renoir zu sehen.

Nördlich des Rathauses kann man in der Rue Bouffard in einem freistehenden, eleganten Stadtpalais vom Ende des 18. Jh. das **Musée des Arts Décoratifs** 26 (39, rue Bouffard, Tel. 05 56 10 14 00, Mi–Mo 14–18 Uhr) besuchen. Das 1779 für den Marquis Pierre de Raymond de Lalande erbaute prachtvolle Gebäude mit seinen holzgetäfelten Salons ist ebenso sehenswert wie die Exponate aus dem 18./19. Jh.: Porzellan aus Delft und Rouen, Keramik, Mobiliar, Goldschmiede- und Glasarbeiten – kurz alles, was eine vornehme Wohnung noch feiner machte.

Quartier des Chartrons

Von der Esplanade des Quinconces kann man nordwärts ins Quartier des Chartrons schlendern. Im 16. Jh. hatten Niederländer die hier sumpfigen Ufer der Garonne trockengelegt, im 17. Jh. ließen sich protestantische holländische, englische und deutsche Kaufleute nieder, die florierende Handelshäuser erbauten und vielfach Weingüter im Umland aufkauf-

ten. ›Korkenadel‹ (*Noblesse du bouchon*) nannte man diese wohlhabende Kaufmannsschicht. Ihre herrschaftlichen Häuser mit elegant gewölbten Balkonen und die Lagergebäude erlebten im 20. Jh. eine sukzessive Renovierung und erstrahlen wieder in warmen, hellen Farben. Allerdings findet man statt Weinkellereien heute oft Antiquitätenläden.

In der Rue Ferrère verbirgt sich hinter unscheinbarer Fassade ein Tempel zeitgenössischer Kunst: **Le capcMusée d'art contemporain** 27 (7, rue Ferrère, Tel. 05 56 00 81 50, Di–So 11–18 Uhr, Mi 11–20 Uhr), wobei das Kürzel ›capc‹ für das **centre d'art plastique contemporain** steht, das einen Teil der Museumssammlung ausmacht. Die Stadt bewahrte ein 1822–24 erbautes Lagerhaus für Kolonialwaren, das *Entrepôt Laîné*, vor dem Abriss und verwendet es seit 1984 für museale Zwecke. Die Architektur der riesigen, von Rundbögen getragenen Halle und davon abgehenden Seitengalerien, kontrastiert faszinierend mit den Exponaten, meist avantgardistischen Objekten, die auf bis zu 14 200 m² in Wechselausstellungen präsentiert werden.

Weiter nördlich setzte der bordelaiser Architekt Michel Pétuaud-Letang in eine Baulücke in der alten Fassadenfront am Kai die sechsstöckige **Cité Mondiale du Vin** 29 (20, quai des Chartrons) mit viel Glas und Metall, ein 7000 m² großes Konferenz- und Geschäftszentrum für Weinhändler mit kleinem Museum der Wein herstellenden und verkostenden Bruderschaften, Restaurants und Geschäften.

Um den Stadtrundgang im Grünen ausklingen zu lassen, bietet sich der sehr schöne **Jardin Public** 30 (place du Champ de Mars, Tel. 05 56 10 20 30, Juni–Aug. tgl 7–21 Uhr, April/Mai, Sept./Okt. tgl. 7–20 Uhr, Nov.–März tgl. 7–18 Uhr) an, den Intendant Tourny 1756 als 15 ha großen, barocken Garten anlegen ließ. Unter Napoleon III. wurde er zu einem Landschaftsgarten mit Teichen und Brückchen umgewandelt. 5000 m² davon nimmt der 1856 gegründete Botanische Garten **Jardin Botanique** ein, der über 3000 verschiedene Pflanzenarten, u. a. wunderschöne Lilien und Orchideen,

zeigt. Am Westrand des Parks beherbergt das 1778 erbaute, pavillonartige Hôtel Lisleferme seit 1862 das Naturkundemuseum **Musée d'Histoire Naturelle** 31 (5, place Bardineau, Tel. 05 56 48 26 37, Mo, Mi–Fr 11–18 Uhr, Sa/So 14–18 Uhr). Es umfasst zoologische und mineralogische Sammlungen mit Exponaten aus aller Welt, etwa das Skelett eines Blauwals.

Praktische Hinweise

Information

Office de Tourisme, 12, cours du XXX Juillet, Bordeaux, Tel. 05 56 00 66 00, Fax 05 56 00 66 01, www.bordeaux.fr

Office de Tourisme, am Bahnhof Gare Saint-Jean, rue Charles Domercq, Bordeaux, Tel./Fax 05 56 91 64 70, www.bordeaux-tourisme.com

Wein

Maison du Vin de Bordeaux (Conseil Interprofessionnel du Vin de Bordeaux) 1, cours du XXX Juillet, Bordeaux, Tel. 05 56 00 22 66, Fax 05 56 00 22 82, www.vins-bordeaux.fr. Hier kann man sich beraten lassen und Wein verkosten.

Vinothèque, 8, cours du XXX Juillet, Bordeaux, Tel. 05 56 52 32 05. Hier kann man die bei der Verkostung für gut befundenen Weine erwerben.

Hotels

******Burdigala**, 115, rue Georges-Bonnac, Bordeaux, Tel. 05 56 90 16 16, Fax 05 56 93 15 06, www.hotelburdigala.com. Modernes, zentrumsnahes Luxushotel in einem Gebäude des 18. Jh. Die geräumigen Zimmer und Apartments verfügen über Bäder aus Marmor.

******Bayonne Etche-Ona**, 11, rue Mautrec (2. Eingang: 4, rue Martignac), Bordeaux, Tel. 05 56 48 00 88, Fax 05 56 48 41 60, www.bordeaux-hotel.com. Gediegener Komfort im eleganten zweistöckigen Eckhaus mit klassizistischer Fassade aus dem 18. Jh. im ›Goldenen Dreieck‹.

*****La Tour Intendance**, 14–16, rue de la Vieille-Tour, Bordeaux, Tel. 05 56 44 56 56, Fax 05 56 44 54 44. Zentral in der Fußgängerzone nahe der geschäftigen Place Gambetta gelegenes Haus.

Restaurants

Fromagerie Baud et Millet, 19, rue Huguerie, Bordeaux, Tel. 05 56 79 05 77. Ein Mekka für Käseliebhaber. Im Laden bekommt man eine schier unerschöpfli-

◁ *Weite Aussicht von der Tour Pey-Berland, über die Cathédrale St-André* (**oben**). *Einkaufsfreuden: klassisch in der Rue Ste-Catherine* (**Mitte links**), *modern in der Cité Mondial du Vin* (**Mitte rechts**). *Weingeschichte im Musée de Chartrons* (**unten**)

Bordeaux

che Auswahl, im Restaurant werden die köstlichsten Käsespezialitäten serviert oder man bedient sich am reichhaltigen Buffet.
La Goulue, 2, rue Courbin, Bordeaux, Tel. 05 56 44 33 00. Solides Familienrestaurant: Freundlich und hell ist der Speiseraum, gut die Küche mit Spezialitäten des Südwestens, etwa *Filet de bœuf à la vigneronne*, Rinderfilet in Weinsauce mit Rosinen.
La Tupina, 6, rue Porte de la Monnaie, Bordeaux, Tel. 05 56 91 56 37, www.latupina.com. Das bekannte Restaurant offeriert in rustikalem Ambiente traditionelle Küche, z. B. *Foie gras micuit au gros sel*, gesalzene Entenleberpastete. Nachspeisen und Weinkarte überzeugen ebenfalls, daher ist ohne Bestellung meist kein Tisch zu bekommen.
L'Olivier Du Clavel, 44, rue Charles Domerq, Bordeaux, Tel. 05 57 95 09 50, www.olivierduclavel.com. Küchenchef Francis Garcia präsentiert mediterrane Küche, regional abgewandelt: Köstlich etwa die Langusten-Ravioli oder die Jakobsmuscheln mit Pfifferlingen.

22 St-Emilion

Felsenkirche und Rotwein machten das mittelalterliche Schmuckstück berühmt.

Der Ruhm des 3000 Einwohner zählenden St-Emilion gründet vor allem auf dem hervorragenden **Rotwein**, den die hiesigen Winzer keltern und der weltweit einen hervorragenden Ruf genießt. Das uralte Städtchen liegt malerisch zwischen zwei Kalkhügeln nahe dem rechten Ufer der Dordogne. Von seiner schönsten Seite zeigt es sich morgens, wenn erste Sonnenstrahlen das mittelalterliche **Zentrum** in goldenes Licht tauchen. Der liebenswerte Ort lockt mit seinen gepflasterten, steilen Gassen, den gotischen Kirchen und efeuüberwucherten Stadtmauern viele Besucher an.

Eine schöne Stelle hatte sich hier der bretonische Wandermönch **Aemilianus** im 8. Jh. ausgesucht, um sich in eine Kalkhöhle zurückzuziehen. Nach dem Tod des Eremiten 767 entstand rings um seine bescheidene Wohnstatt ein heute aufgelöstes Benediktinerkloster und das Dorf

Blick über die Dächer von St-Emilion vom Clocher, dem Glockenturm der Felsenkirche

St-Emilion

Mit Stolz und Würde wachen in St-Emilion die Mitglieder der Jurade, der Bruderschaft der Winzer, darüber, dass die strengen Regeln des Weinbaus eingehalten werden

St-Emilion. Mönche gruben nahe der einstigen Einsiedlerhöhle im 9.–12. Jh. die dreischiffige **Église Monolithe** (Besichtigung nur im Rahmen einer Führung durch das Office de Tourisme, tgl. 10 Uhr, im Sommer öfter) in den weichen Kalkfels. Der erste Eindruck des ursprünglich vollständig ausgemalten Innenraums ist recht düster, doch sowohl die aus den Wänden geschlagenen Reliefs von Heiligen als auch das von rechteckigen Pfeilern gestützte Tonnengewölbe wirken sehr harmonisch. Mit 38 x 20 m Grundfläche und bis zu 20 m hoher Decke ist die unterirdische Hallenkirche überdies die größte ihrer Art in Europa. Ihr im 14. Jh. ebenfalls in den Fels geschlagenes Portal zeigt im Tympanon eine Darstellung des Jüngsten Gerichts. Ganz in der Nähe befinden sich die **Catacombes** (Besichtigung nur im Rahmen einer Führung durch das Office de Tourisme, tgl. 10 Uhr, im Sommer öfter), ein unterirdischer Friedhof aus dem 9.–15. Jh. An der Place des Créneaux steht auch die gotische **Chapelle de la Trinité** (Besichtigung nur im Rahmen einer Führung durch das Office de Tourisme, tgl. 10 Uhr, im Sommer öfter), eine reizende Kapelle aus dem 13. Jh., die über die **Grotte de l'Ermitage** gemauert wurde.

Gegenüber der Monolithkirche sitzt man sehr schön auf der geneigten, von Steinhäuschen umgebenen, kleinen **Place du Marché**. Hier genießt man im Schatten einer 1848 gepflanzten Akazie bei einem Kaffee oder Glas Wein den Blick auf die Felskirche und den darüber aufragenden viereckigen **Clocher** (15. Jh.). Es lohnt sich, diesen 67 m hohen Glockenturm – nach Anmeldung im Touristenbüro – zu ersteigen, denn von oben sieht man weit über die Weinberge und das Tal der Dordogne.

Auf einer Erhebung inmitten des heutigen Ortskerns wurde im 12.–15. Jh. die **Église Collégiale** errichtet. Die Kollegiatskirche lohnt allein schon wegen des herrlichen Kreuzgangs (14. Jh.) mit seinen umlaufenden, eleganten Zwillingssäulen einen Besuch, der über das Touristenbüro möglich ist. Ebenfalls sehenswert ist das gotische Nordportal, vor allem die Darstellung des Jüngsten Gerichts im Tympanon.

Den Hügel im Süden der Altstadt beherrscht der 32 m hohe, viereckige Bergfried des ansonsten zerfallenden **Château du Roi** (12./13. Jh.), von dem aus man einen wunderbaren Rundblick genießt. Im Norden sieht man beispielsweise die mächtigen **Grandes Murailles**, von Spitzbogenfenstern durchbrochene Mauerreste eines ehem. Dominikanerkonvents aus dem 14. Jh., pittoresk in den Weinfeldern stehen.

22 St-Emilion

Ob rot oder weiß, herb oder süß, der gediegene Weinladen in St-Emilion bietet edlen Rebensaft für jeden Geschmack, vorwiegend aus den umliegenden Anbaugebieten

In St-Emilion sollte man unbedingt die lokale Spezialität *Macarons* probieren, köstliche Mandelmakronen.

Praktische Hinweise

Information
Office de Tourisme, place des Créneaux, St-Emilion, Tel. 05 57 55 28 28, Fax 05 57 55 28 29, www.saint-emilion-tourisme.com

Hotels
******Hostellerie de Plaisance**, place du Clocher, St-Emilion, Tel. 05 57 55 07 55, Fax 05 57 74 41 11, www.hostellerie-plaisance.com. Exklusives Komforthotel beim Glockenturm der Église Monolithe. Die 12 geschmackvoll eingerichteten Zimmer sind oft lange im Voraus ausgebucht. Dasselbe gilt für das feine Restaurant.

*****Au Logis des Remparts**, 18, rue Guadet, St-Emilion, Tel. 05 57 24 70 43, Fax 05 57 74 47 44, www.logisdesremparts.com. Ansprechendes Haus in der Altstadt mit komfortablen Zimmern.

Restaurant
Les Epicuriens, 27, rue Guadet, St-Emilion, Tel. 05 57 24 70 49. Ausgezeichnete Küche. Das Menü richtet sich nach dem Fang der Fischer. Mit etwas Glück kann man köstliches *Sauté de coquille St-Jacques*, Jakobsmuschelragout, genießen.

23 Entre-deux-Mers

Die Heimat aromatischer Weißweine und ein mittelalterliches Kloster.

Das Land ›zwischen zwei Meeren‹, Entre-deux-Mers, östlich von Bordeaux wird von den Flüssen Garonne und Dordogne begrenzt und ist die landschaftlich reizvollste *Weingegend* im Bordelais. Von beiden Flüssen steigt das Land leicht zu einem Plateau an, auf dem kleine Bastide-Städtchen [s. S. 79] und alte Kirchenruinen zu einem Spaziergang einladen. Mischwaldpartien wechseln sich mit Rebflächen ab. Und auf Weingütern kann man die regionalen Weine verkosten. Angebaut werden die Rebsorten *Sémillon*, *Sauvignon* und *Muscadelle*, aus denen man aromatische, trockene Weißweine gewinnt, die hervorragend zu Fisch und Meeresfrüchten passen.

Wenige Kilometer südlich von Rauzan schmiegen sich – direkt links einer Kurve der D 127 – die steinernen Überreste der alten **Abbaye de Blasimon** der Benediktiner aus dem 12./13. Jh. in eine Mulde. Durch eine kurze, schattige Allee erreicht man die schöne Westfassade der größtenteils intakten Klosterkirche *St-Nicolas* mit ihrem romanischen Portal (1160–70). Dessen kunstvoller Skulpturenschmuck beeindruckt etwa durch den eleganten Faltenwurf der Gewänder.

Das Landstädtchen **Sauveterre-de-Guyenne** ist eine typische, 1283 erbaute Bastide: Eine Stadtmauer und vier noch erhaltene Eingangstore schützten das in geometrischem Plan angelegte Wehrdorf. Im Hundertjährigen Krieg wechselte der Ort zehnmal seinen Besitzer, ehe er 1451 endgültig französisch wurde. Durch die mächtige *Porte Saubotte* gelangt man auf die mit Arkadenhäusern bestandene, leicht nach Süden geneigte *Place de la République* im eng bebauten Zentrum. Kleine Bürgerhäuschen aus Kalkstein (16.–19. Jh.) säumen schmale Gassen, und wenn es auch keine bedeutenden Sehenswürdigkeiten zu entdecken gibt, lohnt das geschlossene Stadtbild doch einen Besuch.

Auf der D 671 westwärts erreicht man kurz vor *Créon*, dem kleinstädtischen Mittelpunkt des westlichen Entre-deux-Mers, die Ortschaft *La Sauve-Majeure*, **TOP TIPP** in deren Zentrum die Ruinen der einst mächtigen Abtei **La Sauve** (Tel. 05 56 23 01 55, Juni–Sept. tgl. 10–18 Uhr, Okt.–Mai Di–So 10.30–13 und 14–17.30 Uhr) in den Himmel ragen. Der Benediktinermönch St. Gerard de Corbie gründete 1079 hier, am Rand einer kleinen Talsenke, ein Kloster. Bald wurde die Abtei zu einem der wichtigsten geistlichen Zentren der Region und zum vielbesuchten Etappenort des Jakobspilger [s. S. 50]. 70 weitere Klöster wurden von hier gegründet. Im 12. Jh. wirkten hier nicht weniger als 300 Mönche, doch während der Französischen Revolution wurde der Konvent aufgelöst. Nachdem sie kurz als Gefängnis genutzt worden waren, verfielen die Gebäude mehr und mehr. Von dem sehr gut erhaltenen, im oberen Bereich achteckigen **Glockenturm** bietet sich ein weiter Blick über den Ort, die gegenüberliegende gotische Kirche *St-Pierre* (Ende 12. Jh.), Weinfelder und Hügel des Entre-deux-Mers. Neben dem idyllischen Ambiente sind es vor allem die kunstvollen **Kapitelle** innen im Bereich von Vierung und Chor, die Fachleute wie Laien in ihren Bann ziehen: Die Szenen zeigen Adam und Eva, Daniel in der Löwengrube, Salome vor Herodes tanzend. Obwohl schon seit Jahrhunderten Wind und Wetter ausgesetzt, sind sie erstaunlich gut erhalten. In dem kleinen **Musée Lapidaire** der Abtei werden Skulpturen sowie Fragmente von Säulen und Fresken aufbewahrt.

Praktische Hinweise

Information

Office de Tourisme, 2, rue St-Romain, Sauveterre-de-Guyenne, Tel. 05 56 71 53 45, Fax 05 56 71 62 24, www.entredeuxmers.com

Bastiden – die neuen Städte

Im Grundriss wie Schachbretter formiert liegen mehr als 300 **Bastide** genannte Dörfer und Städtchen in der hügeligen Landschaft zwischen der Dordogne und den Pyrenäen. Entstanden waren die heute so malerisch wirkenden Orte im 13.–15. Jh. aus politischen und strategischen Gründen. Die 1152 erfolgte Heirat von Aliénor d'Aquitaine mit Henri II. Plantagenêt, dem späteren König von England, bedeutete Krieg für den Südwesten Frankreichs, verlief doch hier die neu entstandene **Grenze** zwischen englischem und französischem Territorium.

Um Landgewinne in diesem immer wieder umkämpften Gebiet zu sichern, wurden vor allem während des Hundertjährigen Kriegs (1338–1453) im Auftrag beider verfeindeter Parteien neue Siedlungen mit ähnlichem Aufbau gegründet. Rechtwinklig angelegte Straßen um einen zentralen Platz, befestigte Mauern und Tore sowie eine Wehrkirche dienten der Verteidigung und ermöglichten einen schnellen Aufmarsch von Soldaten. Während manche Bastiden, wie etwa der Dordognehafen **Libourne**, verstädterten und heute deutlich über die alten Mauern hinausgewachsen sind, wirken andere, z. B. **Labastide-d'Armagnac**, als sei die Zeit stehen geblieben. Hier schlendert man wie vor 500 Jahren unter den schattigen Laubengängen pittoresker Fachwerk- oder Steinhäuser um den zentralen Platz und genießt das harmonische Ortsbild.

24 Garonne

Bezaubernde Weindörfer und noble Schlösser an einem romantischen Fluss.

Sanft steigen die Hänge im Tal der Garonne beiderseits zu einer lieblichen, plateauartigen Kulturlandschaft an. Besonders schön lässt sie sich auf einer Bootsfahrt vom Fluss aus genießen oder bei einem Ausflug mit dem Wagen entlang der aussichtsreichen D 10, z. B. von Bordeaux bis Cadillac.

Kommt man von Bordeaux über die Autobahn A 62, auch *Autoroute des Deux-Mers* genannt, bietet sich zunächst bei der Ortschaft Labrède der Besuch des geschichtsträchtigen **Château de la Brède** (Tel. 05 56 20 20 49, Juli–Sept. Mi–Mo 14–18 Uhr, Juni, Okt. Sa/So 14–17.30 Uhr) an. In einem herrlichen, baumreichen Park erhebt sich das massig wirkende Château (12.–13. Jh.) aus einem kleinen See. Eine Brücke führt vom Ufer in das hochherrschaftliche Gemäuer mit den trutzigen Rundtürmen, dem man trotz Umbauten im 16.–18. Jh. seinen Ursprung als Festung ansieht. Hier wurde *Charles Louis de Secondat, Baron de La Brède et de Montesquieu* geboren (1689–1755). Berühmt wurde er durch sein staatsphilosophisches Werk ›De l'Esprit des Lois‹, ›Über den Geist der Gesetze‹ (1748). Montesquieu forderte darin die Gewaltenteilung zwischen Judikative, Exekutive und Legislative, eine Prämisse, die auch in die amerikanische Verfassung Eingang fand. In La Brède kann das unverändert erhaltene Arbeitszimmer des großen Denkers der Aufklärung ebenso besichtigt werden wie die 7000 Bände umfassende Bibliothek.

An der Garonne liegen hübsche Ortschaften, über deren kleine Häfen früher die Weinfässer verschifft wurden, etwa die 1280 gegründete Bastide **Cadillac**. In der Nähe des Flusses, dessen Bett im Mittelalter deutlich breiter war, steht die wehrhafte *Porte de la Mer*, ein altes Stadttor. Beim **Marché**, dem Wochenmarkt am Samstagvormittag, erlebt man pulsierendes Leben in dem sonst etwas spröde wirkenden Weinort. Auf der Place de la République kann man dann Fleisch und

Im Château de la Brède erblickte Ende des 17. Jh. Charles de Montesquieu das Licht der Welt, der sich später als scharfsinniger Staatsphilosoph einen Namen machen sollte

Fisch kaufen und auf der Place du Château werden Blumen, Obst und Gemüse angeboten.

Über dem Städtchen wacht, im 17. Jh. auf einem Kalksporn errichtet, das mächtige **Château des Ducs d'Epernon**. Ein Weggefährte Henris IV., Jean Louis de Nogaret de Lavalette, der spätere Herzog von Epernon, ließ sich dieses weitläufige, in U-Form angelegte Schloss in 30-jähriger Bauzeit errichten. Henri IV. soll den reichen und ehrgeizigen Adeligen zum Bau dieses Prachtschlosses ermuntert haben – in der weisen Voraussicht, dass ein ärmerer Herzog ihm weniger gefährlich sein würde. Verschwenderische Marmorkamine, bemalte Decken und Tapisserien schmücken das in seiner Architektur nüchtern-elegante Schloss, das 1828–1928 als Frauengefängnis diente.

TOP TIPP Mittelalter pur findet man im nahen **St-Macaire** mit seinen schmalen Gassen und trutzigen Wehrmauern. Die schöne *Place du Mercadiou* umgeben Arkadenhäuser aus dem 15./16. Jh. mit gotischen und Renaissance-Fassaden, manche mit originalen, steinernen Fensterkreuzen. Teile der alten Befestigungsmauern zur Garonne hin sind noch erhalten, ebenso drei Stadttore aus dem 12. Jh. Besonders beeindruckend ist die *Porte de Benauge* mit Uhrturm und Stadtglocke aus dem 14. Jh. Die einzige Kirche des Ortes, **St-Sauveur** (12.–15. Jh.), gehörte zu einer inzwischen nicht mehr bestehenden Benediktinerabtei. Sie bewahrt in der Apsis sehenswerte gotische Fresken, die Szenen aus dem Leben des hl. Johannes darstellen.

Praktische Hinweise

Information

Office de Tourisme, 9, place de la Libération, Cadillac, Tel. 05 56 62 12 92, Fax 05 56 76 99 72, www.entredeuxmers.com, www.cadillac-tourisme.com

Communauté de Communes des Coteaux Macariens, Informations touristiques, 8, rue du Canton, St. Macaire, Tel. 05 56 63 32 14, Fax 05 56 76 13 24, tourisme.coteauxmacariens@wanadoo.fr

Restaurant

L'Abricotier, 2, rue François-Bergoeing, St-Macaire, Tel. 05 56 76 83 63. Eine gute Adresse für regionale Spezialitäten, z.B. *Lamproie*, Neunauge, frisch aus der Garonne.

25 Blaye

In der einstigen Festung über der Gironde haben sich heute Künstler angesiedelt.

Das Flüsschen Saugeron und die Eisenbahngleise trennen das eigentliche Städtchen Blaye (4700 Einw.) von der westlich davon auf dem Steilufer über der Garonne liegenden Festung **La Citadelle**. Zwei gewaltige, wappengeschmückte Tore erlauben den Zugang in die 33 ha große Zitadelle: Die im Süden gelegene **Porte Dauphine** ist Fußgängern vorbehalten, die ausgeschilderte **Porte Royale** im Nordosten ist auch für den Autoverkehr geöffnet.

Sébastien de Vauban ließ die monumentale Festung, deren Vorgängerbauten bis auf das Mittelalter zurückgehen, 1685–89 auf einem Hügel über der Gironde errichten, von dem aus man den breiten, träge dahinfließenden, bräunlichen Strom überblickt. Das Bollwerk bildete mit dem *Fort Médoc* am anderen Ufer und dem *Fort Paté* auf einer Insel im Fluss einen Verteidigungsriegel für Bordeaux. Die Anlage musste jedoch nur einmal, im Jahre 1814, ihre Tauglichkeit beweisen, als die englische Flotte sie – vergeblich – belagerte. Wie alle Vaubanschen Anlagen ist auch La Citadelle optimal dem Gelände angepasst, was hier die Konstruktion in Form eines halben Sterns bedeutet. Im Westen bot das Steilufer der Gironde natürlichen Schutz. Die massigen, größtenteils begehbaren **Mauern** umschließen ein Areal von 18 ha, das bis zum Ersten Weltkrieg einer Garnison Platz bot. Heute ist es ein eigenes **Stadtviertel**, im südlichen Bereich haben sich einige Künstler und Kunsthandwerker in den historischen Gemäuern niedergelassen und verkaufen ihre Werke.

Am zentralen einstigen Exerzierplatz war in der *Maison du Commandant d'Armes* 1832/33 Marie-Caroline, Herzogin von Berry, inhaftiert. Sie hatte in der Vendée einen Aufstand gegen den Bürgerkönig Louis Philippe angezettelt, um ihren Sohn Henri, Herzog von Burgund, zum König zu machen. Arrest und politische Hoffnungen endeten mit der damals skandalösen Schwangerschaft der bereits seit längerem verwitweten Herzogin. Die Ausstellung **Conservatoire de l'Estuaire de la Gironde** (Place d'Armes, Citadelle, Tel. 05 57 42 80 96, www.estuairegironde.net, Di, Do 9–13 und 14–17, Mi, Fr 14–17 Uhr)

25 Blaye

dokumentiert anhand von Modellen, Navigationsinstrumenten und Dias das Leben am Fluss.

Im Nordwesten der Zitadelle liegt als Teil der Festungsmauern die **Tour de l'Aiguillette**, von der sich ein weites Panorama über den breiten Mündungstrichter der Gironde bietet. Auch vom spitz zulaufenden Vorsprung **Bastion des Pères** im Süden sieht man noch einmal sehr schön den Fluss, den Stadtkern von Blaye sowie unterhalb der Festungsmauern den winzigen Weinberg Echauguette.

ℹ Praktische Hinweise

Information

Office de Tourisme, Les Allées Marine, Blaye, Tel. 05 57 42 12 09, Fax 05 57 42 91 94, www.tourisme-blaye.com

Schiff

Bac Service Maritime Départemental, Autofähre Blaye – Lamarque (30 min.), Tel. 05 57 42 04 49

Camping

Camping Municipal, La Citadelle, Blaye, Tel. 05 57 42 68 68. Kleiner, einfacher Campingplatz innerhalb der Zitadelle. Man zeltet auf den begrünten Festungsmauern.

Hotel

**La Citadelle, place d'Armes, Blaye, Tel. 05 57 42 17 10, Fax 05 57 42 10 34, www.hotellacitadelle.com. Nahe den Festungsmauern ruhig in Gebäuden eines ehem. Minoritenklosters von 1610 gelegenes Hotel mit herrlicher Restaurantterrasse und Blick auf die Gironde. Swimmingpool.

26 Médoc

Synonym für große Weine.

Wie ein Zeigefinger schiebt sich eine Halbinsel von Bordeaux aus nördlich in Richtung Ozean. Ihre östliche Hälfte, 80 km lang und 5–10 km breit, ist als Médoc bekannt. Die sanft gewellte, im Norden von Kanälen durchzogene Landschaft liegt *in medio aquae*, inmitten von Wasser. Atlantik und Gironde umschließen das Anbaugebiet hochwertiger **Bordeaux-Weine**, für deren Erzeugung die kargen Kiesböden zusammen mit dem warmfeuchten Mikroklima beste Voraussetzungen bieten. Hier liegen weltberühmte Weingüter wie Château Margaux, Château Mouton-Rothschild oder Château Lafite-Rothschild.

Haut-Médoc

Die südliche, größere Hälfte der Region, etwa bis zum Dorf Vertheuil, wird als oberes, als Haut-Médoc bezeichnet. Von Bordeaux aus folgt man der D 2 nordwärts und erreicht nach wenigen Kilometern **Macau**, ein stilles Dorf mit romanischer, im 19. Jh. umgebauter Kirche und dem idyllischen Flusshafen *Port de Macau*. Gerne unternehmen Familien aus Bordeaux einen Wochenendausflug hierher und genießen fangfrische Garnelen aus der Gironde.

Wahrscheinlich würde kaum jemand das kleine Dorf **Margaux** kennen, läge nicht in seiner Gemeinde die renommierte gleichnamige Appellation (Herkunftsbezeichnung für Qualitätsweine). Zur Spitzenklasse zählen die als *Premiers Grands Crus Classés* geadelten Weine des **Château Margaux** (Tel. 05 57 88 83 83, www.chateau-margaux.com, Mo–Fr 10–16 Uhr, Besuch nur nach Voranmeldung, keine Weinprobe, kein Weinverkauf). Eine Allee führt zu dem neoklassizistischen Schlösschen (1810–16) mit ionischem Säulenportal. Qualitätsweine gibt es auch im nahe gelegenen **Château Maucaillou** (Tel. 05 56 58 01 23, www.chateau-maucaillou.com, Mai–Sept. tgl 10–17 Uhr, Okt.–April tgl. 10–16 Uhr, mit Weinprobe), das 1875 im Renaissancestil bei dem Örtchen Moulis erbaut wurde. In seinen ausgedienten Lagern gibt das *Musée des Arts et Métiers de la Vigne et du Vin* Einblick in die historische Kunst des Kelterns und die wechselhafte Geschichte des Weinbaus im Médoc. Sogar eine Küferei wurde zu Demonstrationszwecken eingerichtet, um Weinfässer aus Eichenholz herzustellen.

Im Dorf Lamarque weist ein Schild zum Gironde-Hafen **Port de Lamarque**, von dem aus eine kleine Autofähre nach Blaye übersetzt. Direkt am Ufer kann man sich die Überreste des **Fort Médoc** (Tel. 05 56 58 98 40, Besichtigung nach Voran-

Berühmte Weinschlösser prägen das Médoc, etwa Château Lafite-Rothschild **(oben)** *oder Château Margaux* **(Mitte)**. *Einen überraschenden Schwerpunkt setzt Château Lanessan mit dem Musée Hippomobile* **(unten)**

meldung) ansehen, das Vauban Ende des 17. Jh. baute. Über eine prächtige Allee erreicht man die mit einer Sonne geschmückte *Porte Royale*, das Eingangstor zu der überschaubaren Anlage. Neben einstigen Kasernen sind Kapelle, Zisterne und Pulvermagazine erhalten. Vom Wachhaus *Corps de Garde* hat man einen weiten Blick über die breite Gironde bis zur gegenüberliegenden Festung von Blaye.

Das wenige Kilometer entfernte **Château Lanessan** (Tel. 05 56 58 94 80, www.bouteiller.com) bietet in ungewöhnlicher Landhausarchitektur ein sehenswertes *Musée du Cheval* (tgl. 9–12 und 14–18 Uhr). Der Bordelaiser Reeder Jean Delbos hatte den Besitz 1793 erworben, sein Sohn ließ die Ställe mit Futtertrögen aus Marmor,

Für rund 91,5 Mio. € kaufte die Winzerfamilie Merlaut vor wenigen Jahren das hochherrschaftliche Château du Cos d'Estournel mit seinen 60 ha Weingärten

Klima- und Futterportionieranlage sowie fließendem Wasser ausstatten! In diesem geradezu luxuriösen Umfeld kann man historische Pferdekutschen bewundern.

Pauillac ist Weinliebhabern ein Begriff, liegen doch innerhalb der Gemeinde die weltbekannten Güter Château Mouton-Rothschild, Latour und Lafite-Rothschild. Das Hafenstädtchen selbst besitzt eine einladend gestaltete, von Blumenrabatten und Geschäften gesäumte Uferpromenade entlang des großen Jachthafens – lediglich das Atomkraftwerk am jenseitigen Ufer der Gironde stört die Idylle. Die Weine des bekannten Château Mouton-Rothschild nordwestlich von Pauillac bei Pouyalet hatten bei der ersten Klassifizierung 1855 [s. S. 86] ›nur‹ den Rang *Deuxième Cru* erreicht. Erst 1973, nach langem Ringen des damaligen Besitzers Baron Philippe de Rothschild, wurde die Klassifikation revidiert. Seitdem zählt der **Château Mouton-Rothschild** auch offiziell zur ersten Garde, zu den *Premiers Grands Crus Classés*. Bei einer Besichtigung des Gutes schreitet man durch die beeindruckenden Weinkeller und bewundert Etiketten, die seit 1945 von namhaften Künstlern wie Pablo Picasso, Andy Warhol, Marc Chagall oder Salvador Dalí gestaltet wurden. Im 1963 eingerichteten **Privatmuseum** (Tel. 05 56 73 21 29, www.bpdr.com, Besichtigung mit oder ohne Weinprobe nach Voranmeldung) ist eine einzigartige Sammlung von Kunstwerken zu sehen, die alle – ob Wandteppich, Skulptur oder Porzellan – in Zusammenhang mit Wein stehen.

Die meisten Châteaux sind architektonisch in der gediegenen Eleganz des 19. Jh. gehalten. Daher überrascht etwa 3 km nördlich, unmittelbar in einer Kurve rechts an der D 2 das **Château du Cos d'Estournel** (Tel. 05 56 73 15 50, www.cos estournel.com, kann trotz Restaurierung z. T. besichtigt werden, Weinverkostung möglich). Der flache, im Geviert erbaute Weinkeller ist außen mit Blendarkaden versehen und die drei achteckigen Türmchen an der Frontseite erinnern an Pagoden. Der Soldat, Reisende und Lebemann Louis Gaspard d'Estournel ließ das originelle Gebäude 1830 erbauen und setzte als Eingangsportal nichts Geringeres als das Tor des Sultanspalastes von Sansibar ein. Seinen erstklassigen Wein tauschte der Pferdeliebhaber bevorzugt gegen Vollblüter aus Arabien bzw. Vorderasien, was ihm den Beinamen *Maharadscha von Saint-Estèphe* einbrachte.

Wenn im Herbst im Médoc die Weinlese beginnt, brauchen die Winzer jede Hilfe; auch die Kinder packen kräftig mit an

Bas-Médoc

Der kleine Ort **Vertheuil** unterhalb der Ruinen einer Burg aus dem 12. Jh. besitzt im Zentrum eine dreischiffige romanische *Klosterkirche* (11./12. Jh.) mit interessantem Skulpturenschmuck. Das Portal z. B. zeigt Szenen des Jüngsten Gerichts. Auffällig ist auch der achteckige Glockenturm. Touristen fahren von Vertheuil aus gern zu dem rund 5 km entfernten Weinort **St-Estèphe**. Dicht um die Kirche drängt sich das Dörfchen. Es besitzt eine Anlegestelle an der Gironde und eine *Maison du Vin*, in der man sich über die Weine der mit 1370 ha Anbaufläche drittgrößten Appellation des Médoc informieren kann.

Eine landschaftlich schöne Strecke verläuft ab **St-Christoly** in Ufernähe über die malerischen Mini-Häfen *Port de By* und *Port de Goulée*, an denen man bei einem Teller Austern die friedliche Stimmung genießen kann. Nördlich davon verändert sich die Landschaft, wird flacher und zunehmend von kleinen Kanälen durchzogen. Holländische Ingenieure hatten sie im 16./17. Jh. angelegt, um das früher morastige Flachland trocken-

Hitliste der edlen Tropfen

Rund ein Drittel der großen französischen Weine produzieren die Winzer des **Bordelais**. Die Anbauflächen zeichnen sich durch sonniges, mildes Klima sowie eher magere Kies-, Sand- oder Kalkböden aus, die tagsüber Wärme speichern und sie nachts wieder abgeben. Das Bordelais gehört mit seinen rund 1000 km² zu den größten Weinbaugebieten der Welt. Es besteht aus etwa 40 unterschiedlichen Regionen, **Appellations** genannt, deren Größen von 6 km² (Moulis-Médoc) bis ca. 120 km² (Entre-Deux-Mers) reichen. Jedes Jahr werden rund 500 Mio. Flaschen mit der Bezeichnung **Appellation contrôlée** abgefüllt. Für diese ›kontrollierte Qualität‹ sorgen Weinbruderschaften, **Connetablies**. Dies sind Gilden, zu denen sich die meisten Winzer einer Appellation freiwillig zusammengeschlossen haben. Ihre neuen Weine werden offiziell verkostet, um die Zulassung, **Agrément**, zum Handel zu erhalten.

Die Lagen, aus deren Reben gleichartige, hochwertige Weine gewonnen werden, nennt man **Crus** oder **Grand Crus** (großer Wein), worauf der Name des jeweiligen Gutes folgt. Weitere Einteilungen beziehen sich auf eine solche Herkunftsbezeichnung und basieren auf den erzielten Preisen, welche Rückschlüsse auf die Qualität zulassen. Eine erste derartige **Klassifikation** nahm der französische Verband der Weinmakler 1855 zur Zeit Napoleons III. für die Weine des Médoc vor. Erst 1953 klassifizierte man die Graves-Weine und 1954 die aus St-Emilion. Die teuersten Weine wurden zu **Premier Grand Cru Classé** gekrönt, die zweitteuersten zu ›Deuxième Cru‹ usw. bis zu ›5ième Cru‹. Bisher gab es nur eine einzige Revision dieser Einteilung im Jahre 1973, die 1855 ›vergessene‹ oder noch nicht existierende Weingüter und deren Erzeugnisse mit aufnahm. Neben den noblen ›Grands Crus Classés‹ haben auch die auf kleinen Gütern und in Genossenschaften hergestellten **Crus Bourgeois** und **Crus Artisans** ihren festen Platz unter den Bordeaux-Weinen.

zulegen. Von Port de Goulée aus erreicht man nach ca. 6 km den gut ausgeschilderten **Phare de Richard**. Der nach Richard Löwenherz benannte Leuchtturm steht am Ufer der Gironde inmitten einer Polderlandschaft. Obwohl er nur 18 m hoch ist, hat man von seiner Spitze einen ausgezeichneten Blick über den hier 13 km breiten Mündungstrichter bis zu den Kreidefelsen bei Talmont am anderen Ufer. In der einstigen Leuchtturmwärterwohnung im Erdgeschoss ist eine kleine *Ausstellung* (Tel. 05 56 09 52 39, Juli/Aug. Mi–Mo 10–19 Uhr) zur Geschichte des Turms sowie zum Fischfang in der Gironde zu sehen.

Nicht nur die Landschaft erinnert an die Niederlande, auch der **Moulin de Vensac** (Tel. 05 56 09 45 00, www.moulindevensac.fr, Juli/Aug. tgl. 10–12.30 und 14.30–18.30 Uhr, Juni/Sept. Sa/So 10–12.30 und 14.30–18.30 Uhr), eine 4 km südlich von St-Vivien-de-Médoc gelegene Mühle. Direkt am Wegrand erhebt sich ihr weißer Baukörper mit dem spitzkegeligen hölzernen Aufsatz. Sie ist die einzige der früher im Médoc so zahlreichen Windmühlen, die heute wieder in Betrieb ist. Zwar bewirtschaftet sie seit 1939 kein Müller mehr, aber dank eines Traktorenantriebs drehen sich die 50 m² Segel als Touristenattraktion heute selbst an windstillen Sommertagen. Bei einer Besichtigung kann man die Abläufe im Innern verfolgen und anschließend frisch gemahlenes Mehl einkaufen.

ℹ Praktische Hinweise

Information

Maison du Tourisme, La Verrerie, Pauillac, Tel. 05 56 59 03 08, Fax 05 56 59 23 38, www.pauillac-medoc.com

Syndicat d'Initiative, Mairie, Macau, Tel. 05 57 88 42 11

Schiff

Bac Service Maritime Départemental, Lamarque – Blaye, Tel. 05 57 42 04 49. Die Autofähre braucht 30 Min. für die Überfahrt.

Camping

Camping Municipal Les Gabarreys, route de la Rivière, Pauillac, Tel. 05 56 59 10 03, Fax 05 56 73 30 68. Komfortabler Campingplatz am ebenen, baumbestandenen Ufer der Gironde.

Hotels

TOP TIPP **Château Cordeillan-Bages**, route des Châteaux, Pauillac, Tel. 05 56 59 24 24, Fax 05 56 59 01 89, www.cordeillanbages.com. Luxuriöses Hotel mit ausgezeichnetem Restaurant in einem Château des 17. Jh. Elegant eingerichtete Zimmer. Angegliedert eine Weinschule.

***Château Pomys**, route de Poumeys ›Leyssac‹, St-Est 9èphe, Tel. 05 56 59 73 44, Fax 05 56 59 30 25, www.chateaupomys.com. Freundliches Hotel in einem Weingut mit angenehmen, komfortablen Zimmern.

***Le Pavillon de Margaux**, 3, rue Georges Mandel, Margaux, Tel. 05 57 88 77 54, Fax 05 57 88 77 73, www.pavillonmargaux.com. Gepflegtes Hotel in einer ehemaligen Dorfschule.

****De France et d'Angleterre**, 3, quai Albert Pichon, Pauillac, Tel. 05 56 59 01 20, Fax 05 56 59 02 31, www.hoteldefrance-angleterre.com. Ordentliches Hotel gegenüber dem Jachthafen.

Restaurants

Auberge Le Savoie, place de la Trémoille, Margaux, Tel. 05 57 88 31 76. Mit zwei Michelin-Sternen ausgezeichnetes Feinschmeckerrestaurant (So und Mo abends geschl.).

La Maison du Douanier, St-Christoly, Tel. 05 56 41 35 25. Hotelrestaurant am Hafen mit Blick auf die Gironde. Ausgezeichnete Meeresfrüchte.

27 Soulac-sur-Mer

Einer der schönsten Badeorte an der feinsandigen, nördlichen Silberküste.

Im Mittelalter landeten bei der Ortschaft **Soulac-sur-Mer** die Jakobspilger von den britischen Inseln, um von hier aus weiter durch die damals sehr unwirtlichen *Landes* nach Santiago de Compostela zu wandern [s. S. 50]. Für diese ersten ›Touristen‹ an der Atlantikküste wurde im 12. Jh. die romanische Benediktinerkirche **Notre-Dame-de-la-Fin-des-Terres** mit asymmetrischer, dreigeteilter Fassade am nordöstlichen Ortsrand erbaut. Ihr Glockenturm diente der Schifffahrt als Navigationshilfe. Ende des 18. Jh. war die Kirche fast völlig von Wanderdünen zugedeckt, erst 1859 wurde sie freigelegt und restauriert. Der 44 m lange Baukörper – Querschiff und Vierungsturm sind nicht mehr erhalten – liegt heute in einer Bodensenke, in die 10 Stufen hinabführen. Die Fenster der Apsis und der Seitenkapellen scheinen sehr tief zu liegen, was auf die Sandverwehung zurückzuführen ist. Im Chor und in den Seitenkapellen kann man schöne Kapitelle entdecken.

Heute ist Soulac-sur-Mer, das mit dem südlich liegenden Nachbardorf *L'Amélie-sur-Mer* zusammengewachsen ist, ein beliebter Badeort mit herrlichem **Sandstrand** und schöner Promenade. Hier kann man einkaufen oder flanieren, das Sportangebot reicht von Badminton bis Wasserski. Eine vorgelagerte Sandbank schirmt den Strand vor allzu hohem Wellengang ab, so dass sich hier auch Familien mit Kindern unbesorgt vergnügen können.

Ausflug

Eine Schmalspurbahn bringt Ausflügler vom Strand von Soulac zur **Pointe de Grave**, der äußersten Nordspitze des Médoc. Das bewaldete, flach auslaufende Kap endet an dem Hafen Port-Bloc, von dem aus eine **Autofähre** über die Gironde ins gegenüberliegende Royan ablegt. Hier starten auch die Ausflugsboote zum Leuchtturm **Phare de Cordouan** in der Flussmündung [s. S. 57].

ℹ Praktische Hinweise

Information

Office de Tourisme, 68, rue de la Plage, Soulac-sur-Mer, Tel. 05 56 09 86 61, Fax 05 56 73 63 76, www.soulac.com

27 Soulac-sur-Mer

Ruhiger als am nahen Atlantik geht es hier bei Le Moutchic am Étang de Lacanau zu

Schiff
Les Bacs Girondes, Tel. 05 56 73 37 73. 30-minütige Überfahrt mit der Autofähre von der Pointe de Grave nach Royan.

Vedette La Bohême, Tel. 05 56 09 62 93, www.vedettelaboheme.com. Der Ausflug zum Leuchtturm *Phare de Cordouan* dauert 3 Std.

28 Côte d'Argent

Weiter Sandstrand, rollende Brandung und ruhige Binnenseen im Kiefernwald.

Der 200 km lange Küstenstreifen von der Girondemündung bis zum Baskenland wird wegen seines hellen Sandstrandes ›Silberküste‹, **Côte d'Argent**, genannt. Fährt man von Soulac-sur-Mer südwärts, passiert man **Le Gurp** und **Montalivet-les-Bains**, Strandorte im küstennahen Kiefernwald und Mekka der französischen *FKK-Freunde*. Montalivet ist überdies ein Zentrum der *Strandsegler*, in dem auch Kurse angeboten werden.

Südlich davon eröffnet der mit 60 km² größte See Frankreichs, der **Lac d'Hourtin et de Carcans**, eine Kette reizvoller, miteinander verbundener Binnenseen entlang der Küste. Süß- und Salzwasser, friedliche Seen und brandungsreiches Meer laden zu Bade- und Wassersportfreuden. Der Ort **Hourtin** mit seiner See-Dependance **Hourtin-Port** offeriert überdies ein breites Unterhaltungsprogramm für Kinder. Bei *Hourtin-Plage* genießen Wellenreiter die kräftige Brandung des Ozeans; Schwimmer sollten allerdings vorsichtig sein und die Strömungen nicht unterschätzen. Am südwestlichen Seeufer lockt die **Base de Bombannes**, ein großes Wassersportzentrum mit umfangreichem Angebot für Segler, Surfer und Wasserskiläufer, und der im Sommer stark frequentierte Ort **Maubuisson**, dessen feiner, flacher Sandstrand ausgesprochen kinderfreundlich ist. Radsportler werden den gut 10 km langen Fahrradweg durch den Kiefernwald schätzen, der Maubuisson mit dem Badeort Le Moutchic am **Étang de Lacanau** verbindet. Der schöne, von üppigem Grün eingefasste Nachbarsee liegt in einigen Bereichen relativ ruhig, was vor allem Angler anzieht.

TOP TIPP Turbulent geht es dagegen im Sommer in **Lacanau-Océan** 3 km südlich an der Küste zu. Besonders während der *Weltmeisterschaften im Wellenreiten* Mitte August, wenn sich hier die international Besten ihres Faches messen. Das Meer sowie ein umfassendes Freizeit- und Fitnessangebot – Wassersport, Reiten, Tennis, Golf und 100 km Radwege im Umland – ziehen vor allem die jüngere Generation an.

ℹ Praktische Hinweise

Information
Office de Tourisme, place de l'Europe, Lacanau-Océan, Tel. 05 56 03 21 01, Fax 05 56 03 11 89, www.lacanau.com

Camping
Centre Hélio Marin Montalivet, 46, avenue de l'Europe Vendays – Montalivet, Lesparre-Médoc, Tel. 05 56 73 73 73, Fax 05 56 09 32 15, www.chm-montalivet.com. Genau das Richtige für *Naturistes*, wie FKK-Anhänger dezent genannt werden, landeinwärts hinter den Dünen gelegen. Neben Plätzen für Zelte und Campmobile kann man auf der ausgedehnten, komfortablen Anlage auch Häuschen mieten.

Hotel
**L'Oyat, front de la Mer, Lacanau-Océan, Tel. 05 56 03 11 11, Fax 05 56 03 12 29, www.hotel-oyat.com. Angenehmes Hotel in schöner Lage direkt am Meer.

Restaurants
Auberge du Marin, 4, rue du Lion, Lacanau, Tel. 05 56 03 26 87. Bei schönem Wetter wird im Garten der familiären Pension Bodenständiges serviert, z. B. *Moules*, Miesmuscheln.

29 Bassin d'Arcachon

Zwischen Austernzucht und Wassersport, Badetourismus und Vogelschutz.

Das Bassin d'Arcachon bildet die einzige Unterbrechung in der ansonsten schnurgeraden Küstenlinie von der Girondemündung bis zu den Pyrenäen. 250 km² Fläche nimmt das etwa dreieckige Becken ein. Es ist nur wenige Meter tief, von feinsandigem Untergrund und besitzt im Südwesten zwischen den Badeorten Arcachon und Cap Ferret einen 3 km breiten Zugang zum Meer. Im Rhythmus der Gezeiten füllt es sich mit frischem Meerwasser, dann eilen die Muschelzüchter mit ihren flachen Kähnen (*Pinasses*) geschäftig zwischen Häfen und **Austernbänken** hin und her. Nachdem lediglich kleine Zuflüsse wie die L'Eyre das Becken mit Süßwasser speisen, sinkt der Wasserstand bei Ebbe beträchtlich. Dann wird der Blick auf die Gestelle der Austernzuchtparks zumindest teilweise frei, Segel- und Motorboote sinken in den Uferschlick.

Die Insel **Île aux Oiseaux** inmitten des Bassins, die vorgelagerte Sandbank **Banc d'Arguin** im Meer und das Mündungsdelta der **L'Eyre** sind Reservate für Wasser- bzw. Zugvögel und stehen daher unter Naturschutz. Im Sommer sind sie das Ziel vieler Ausflügler [s. S 93].

Gut 80 km legt man zurück, wenn man das Bassin umrundet. Ausgangspunkt ist der elegante Badeort **Cap Ferret** im Kiefernwald am Ende der schmalen Landzunge. Wohlhabende bordelaiser Bürger ließen hier Anfang des 19. Jh. Ferienvillen erbauen, in den 1960er-Jahren kamen Apartment- und Bungalowanlagen dazu. Die Strände bestehen sowohl zum Be-

Vor Cap Ferret liegen ausgedehnte Austernbänke, dahinter sieht man auf der anderen Seite des Bassin die Dune du Pilat

cken als auch zum Meer hin aus feinem, hellem Sand, laufen flach aus und sind daher ideal für Kinder. Eine kleine Personenfähre verbindet das ruhige Cap Ferret mit dem belebteren Arcachon.

Den sicherlich schönsten Panoramablick über die Küstengewässer und das Bassin d'Arcachon bis zur Dune du Pilat hat man vom **Phare de Cap Ferret** (Juli/Aug. tgl. 10–19.30 Uhr, April/Mai, Juni/Sept. tgl. 10–12.30 und 14–18 Uhr, Okt.–März Mi–So 14–17 Uhr) am südlichen Stadtrand. Der Leuchtturm wurde 1946–47 erbaut und ragt mit 52 m über die Kiefern ringsum hinaus. In seinem Innern führt ein Aufzug nach oben, aber dessen Benutzung ist Fremdenführern vorbehalten. Alle anderen müssen zu Fuß aufsteigen, die Aussicht macht jedoch die Anstrengung wett: An der Spitze des Kaps bricht sich die Ozeanbrandung mit dem ruhigeren Bassinwasser und der Blick auf die Sanddüne mit Pilat im Süden auf der anderen Seite der Meerenge ist grandios. Sie wirkt wie grün eingefasst, im Landesinnern von Kiefernwald, jenseits von unergründlich grün schimmerndem Wasser.

In dem zusammenhängenden Siedlungsband von Cap Ferret bis Lège verstecken sich die alten Ortskerne von idyllischen Dörfern wie L'Herbe, Le Canon oder Le Grand und Le Petit Piquey. Östlich der quirligen Ferienorte Andernos-les-Bains und Lanton sind die qualmenden Schornsteine der Zellulosefabrik bei Biganos nicht zu übersehen. Im Mündungsbereich des Flüsschens L'Eyre wurde 1972 das 120 ha große Naturreservat **Parc Ornithologique du Teich** (Tel. 05 56 22 80 93, www.parc-ornithologique-du-teich.com, Juli/Aug. tgl. 10–20 Uhr, Sept.–Juni tgl. 10–18 Uhr) für mehr als 260 Vogelarten eingerichtet. Ein weitgehend schattiger Spazierweg von 3 km, *Sentier du Cigogne*, bzw. 6 km Länge, *Sentier de l'Oie*, erschließt hier die Küstenlandschaft mit schilfbestandenen Teichen, kleinen Kanälen und würzig duftender Vegetation. Von Unterständen aus kann man im Juli und August u. a. Seidenreiher, Kormorane, Eisvögel, Flussuferläufer, Alpenstrandläufer, Zwergseeschwalben und Störche in ihren Horsten beobachten. Ferngläser können beim Parkeingang an der D 650 in der **Maison de la Nature** ausgeliehen werden, Plakate zur Vogelbestimmung findet man in den Beobachtungsunterständen. Außerdem kann man ein Kanu mieten und auf der L'Eyre oder im Bassin paddeln.

Gujan-Mestras ist, abgesehen von dem starken Durchgangsverkehr, trotz seiner 15 000 Einwohner ein beschau-

Glücklich ist, wer vor der strahlenden Sonne Schutz im kühlen Schatten seines Ferienhäuschens, hier in L'Herbe, suchen kann

Nur langsam hielt der Tourismus in Gujan-Mestras Einzug, das sich den Charme eines beschaulichen Fischer- und Austernzüchterdorfes in weiten Teilen erhalten konnte

licher Ort, nennt sich jedoch stolz *Capitale Ostréicole*, ›Hauptstadt der Austernkultur‹. In seinen sieben nebeneinander liegenden kleinen Häfen sind flache Kähne vor pittoresken hölzernen Bootshäuschen (*Cabanes*) vertäut. Am *Port de Larros* informiert die kleine **Maison de l'Huître** (Tel. 05 56 66 23 71, www.maisondelhuitre. com, Juni–Aug. tgl. 10–12.30 und 14.30–18 Uhr, sonst So geschl.) über die Entwick-

Putzige Tiere – einheimische Vögel wie Pelikane, Reiher, Gänse oder Enten kann man sehr schön im Parc Ornithologique du Teich beobachten

lung von Austern und deren Zucht. Nach einem Besuch der Maison kann man in einem der Restaurants nebenan Muscheln oder *Palourdes*, Venusmuscheln, ganz frisch mit einem Gläschen Weißwein probieren.

Im benachbarten **La Hume** findet man zwei weitere Attraktionen: Das **Aqualand** (Tel. 08 92 68 66 13, www.aqualand.fr, Juli/Aug. tgl. 10–19 Uhr) lädt mit diversen Rutschen und Wasservergnügungen zu Spiel und Spaß im kühlen Nass ein. Östlich von La Hume begeistert der Streichelzoo **La Coccinelle** (Tel. 05 56 66 30 41, www.la-coccinelle.fr, Juni–Mitte Sept. tgl. 10–18.30 Uhr) vor allem Kinder, die hier Lämmer, Ferkel, Zicklein und Kälber mit der Flasche füttern dürfen.

Praktische Hinweise

Information

Office de Tourisme Lège-Cap Ferret, 1, avenue de Général de Gaulle, Claouey (am nördlichen Beginn der Landzunge), Tel. 05 56 03 94 49, Fax 05 57 70 31 70, www.lege-capferret.com

Office de Tourisme, 19, avenue du Lattre de Tassigny, Gujan-Mestras, La Hume, Tel. 05 56 66 12 65, Fax 05 56 22 01 41, www.ville-gujanmestras.fr

Camping

Le Truc Vert, route du Truc-Vert, Abzweig der D 106 zwischen Le Petit Piquet und Piraillan, Tel. 05 56 60 89 55, Fax 05 56 60 99 47, www.trucvert.com. Große Anlage im Kiefernwald, 300 m vom Meer. Mit Fahrradverleih und Disko.

Hotels

De la Plage, 1, rue des Marins, L'Herbe (Gemeinde Lège-Cap Ferret), Tel. 05 56 60 50 15. Kleines Hotel im pittoresken alten Ortskern.

Maison du Bassin/Le Bayonne, 5, rue des Pionniers, Cap Ferret, Tel. 05 56 60 60 63, Fax 05 56 03 71 47, www.lamaisondubassin.com. Nahe des Leuchtturms gelegenes Haus mit Ausflugsrestaurant Bistrot du Bassin.

Restaurants

L'Escale, 2, avenue de l'Océan, Cap Ferret, Tel. 05 56 60 68 17. Schöne Lage an der Bootsanlegestelle zum Bassin hin. Hier genießt man frische Austern, Fisch oder gegrillte Tintenfischchen.

Les Pavois, port de Larros, Gujan-Mestras, Tel. 05 56 66 38 71. Restaurant mit Terrasse direkt neben dem kleinen Austernmuseum. Bekannt für Fisch und Meeresfrüchte.

Mitte August feiert Arcachon die Fête de la Mer. Höhepunkt ist das Defilee der Jachten, zu dem sich Segel- und Motorboote des gesamten Küstenabschnitts formieren

Die Beleuchtung weist Nachtschwärmern den Weg: Im Gebäude des Spielkasinos von Arcachon lädt auch eine Diskothek zum Tanz bis in die frühen Morgenstunden ein

30 Arcachon

Das Seebad der Belle Époque.

Zwei sehr unterschiedliche Gesichter hat Arcachon, der im Sommer sehr umtriebige Badeort an dem nach ihm benannten Bassin: einesteils die **Sommerstadt**, Ville d'Été, unmittelbar am Wasser, auf der anderen Seite die ältere Ville d'Hiver, die höhergelegene, großzügige **Winterstadt** mit herrlichen Belle-Époque-Villen im Kiefernwald. Die Beliebtheit Arcachons ist ungebrochen: Im Sommer übersteigt die Zahl der Gäste die der rund 12 000 Einwohner um das Sechsfache.

Das Seebad entstand um 1860 in relativ kurzer Zeit. Der private Besuch Kaiser Napoleons III. Ende des 19. Jh. bescherte Arcachon internationales Renommé. In der **Ville d'Hiver** entstanden ein englischer Park und ein Casino in maurischem Stil, das 1977 einem Brand zum Opfer fiel. An seiner Stelle wurde an der Avenue Victor Hugo der **Parc mauresque** mit Palmen und prächtigen Rabatten angelegt. Man erreicht ihn von der Sommerstadt aus mit einem kleinen *Personenaufzug*, der am Ende der Fußgängerzone Avenue M. Lattre de Tassigny eingerichtet wurde.

Die **Ville d'Été** am Bassinufer bietet eine ganz andere Atmosphäre als die Ville d'Hiver. Zwischen Stadt und Wasser zieht sich auf stolzen 5 km Länge die breite Uferpromenade **Boulevard de la Plage**, im Westen der **Boulevard de l'Océan**, hin. Hier schlendert man von Mole zu Mole, genießt einen Aperitif in einem der zahlreichen Cafés oder Restaurants, bummelt durch schicke Boutiquen oder sucht sich an dem kilometerlangen, parallel verlaufenden Strand *Plage d'Arcachon* ein Plätzchen zum süßen Nichtstun. Von den zentrumsnahen Fähranlegern *Jetée Thiers* und *Jetée d'Eyrac* starten Ausflugsboote zur **Tour de l'Île aux Oiseaux**. Während der zweistündigen Fahrt sieht man z. B. Seidenreiher und die beiden Cabanes Tchanquées (Stelzenhäuser) auf der Vogelinsel, von denen aus früher die Austernplätze im Bassin überwacht wurden. Man fährt vorbei an Austernparks und Fischerdörfern. Weitere Bootsausflüge haben u. a. die Sandbank Banc d'Arguin zum Ziel – mit Picknick quasi im Meer.

Gegenüber der Jetée d'Eyrac zeigt das **Musée-Aquarium** (2, rue du Professeur Jolyet, Juli/Aug. tgl. 9.45–12.15 und 13.45–19 Uhr, März–Juni, Sept. tgl. 9.45–12.15 und 13.45–18.30, Okt./Nov. 9.45–12.15 und 13.45–18 Uhr) tropische und einheimische Fische, Muscheln sowie eine kleine Austernabteilung.

Im östlichen Teil des Boulevard de la Plage liegt das blendendweiße, von

Arcachon

Rundtürmchen und schmalen Dachgauben geschmückte **Château Deganne**, in dem ein Casino zum Glücksspiel einlädt. Noch weiter im Osten wurde im Stadtteil **Quartier de l'Aiguillon** der riesige, moderne Jachthafen *Port de Plaisance* angelegt, an dem bis zu 2600 Jachten vor Anker gehen können. Ringsum weisen Ausrüstungsverleiher und Sportschulen auf ein umfangreiches sportliches Angebot hin. Man kann segeln, surfen, mit dem Meerkajak das Bassin erkunden, auf Tauchtour gehen, aber auch Tennis, Golf oder Pelote spielen, Drachen fliegen lassen, Reiten oder Fahrrad fahren.

Im Westen geht der Boulevard de la Plage in den Boulevard de l'Océan über und führt zum Viertel *Le Moulleau*. Auf dem Weg dorthin passiert man den beliebten Sandstrand **Plage Pereire**, der über weite Strecken von einem gepflegten grünen Rasen gesäumt wird, bevor er südlich in die ebenfalls sehr schöne, helle **Plage des Abatilles** übergeht.

TOP TIPP Dune du Pilat

Wie ein Schutzwall liegt die gewaltige Wanderdüne 8 km südlich von Arcachon zwischen Meer und Kiefernwald. Mit ihren 114 m Höhe ist sie die **höchste Düne Europas**. Etwa 3 km misst sie in der Länge und ist an ihrer Basis 500 m breit. Erstmals wurde Ende des 15. Jh. vor der Küste eine Sandbank namens *Lous Pillars* urkundlich erwähnt. Der Wind trieb ihr ›Baumaterial‹ immer mehr auf das Land zu, bis der Sand im 16./17. Jh. die Küste erreicht hatte – die Dune du Pilat war geboren. 1851 hatte sie noch eine

Höhe von 83 m, ist aber dauernd in Bewegung. Der Wind verändert täglich ihre Form, häuft sie weiter auf und treibt sie 4 m pro Jahr in den Kiefernwald des Inlands. Dieser Naturgewalt konnten selbst die *Bunker* des Atlantikwalls nicht standhalten; sie waren um 1944 buchstäblich auf Sand gebaut worden und stürzten in den folgenden Jahrzehnten um. 1978 wurde die Düne unter **Naturschutz** gestellt, blieb jedoch für die Öffentlichkeit zugänglich. Jedes Jahr erklimmen sie 1 Mio. Menschen, von der Landseite her erleichtern Treppen den Aufstieg.

Praktische Hinweise

Information

Office de Tourisme, Esplanade Georges Pompidou, Arcachon, Tel. 05 57 52 97 97, Fax 05 57 52 97 77, www.arcachon.com

Schiff

Union des Bateliers Arcachonnais, 76, boulevard de la plage, Arcachon, Tel. 05 57 72 28 28, Fax 05 57 83 21 50, www.bateliers-arcachon.fr. Bietet Ausflugsfahrten mit dem Boot an und bedient die Personenfähre Arcachon bzw. Le Moulleau – Cap Ferret.

Hotels

*****Arc-Hôtel sur Mer**, 89, boulevard de la Plage, Arcachon, Tel. 05 56 83 06 85, Fax 05 56 83 53 72, www.arcachon-arc-hotel.com. Ausgezeichnete Lage in der Ville d'Été am Strand von Arcachon zwischen Jachthafen und Casino.

*****Point France**, 1, rue Grenier, Arcachon, Tel. 05 56 83 46 74, Fax 05 56 22 53 24, www.hotel-point-france.com. In Traumlage liegt das moderne Hotel direkt am Bassin von Arcachon. Die individuell gestalteten Zimmer verfügen teilweise über eine Terrasse zum Meer.

Marinette, 15, allée José-Maria-de-Hérédia, Arcachon, Tel. 05 56 83 06 67, Fax 05 56 83 09 59, www.hotel-marinette.com. Ruhig in der Winterstadt gelegenes Hotel. Zimmer nur mit Frühstück.

Restaurants

Chez Yvette, 59, boulevard du Général Leclerc, Arcachon, Tel. 05 56 83 05 11. Gediegenes Restaurant, bekannt für Austern, Meeresfrüchte und köstliche Fischgerichte. Die *Sole aux cèpes*, Seezunge an Steinpilzen, ist ein Gedicht.

Le Patio, 10, boulevard de la Plage, Arcachon, Tel. 05 56 83 02 72. Empfehlenswertes Lokal des Küchenchefs Bruno Falgueirettes um einen begrünten Innenhof nahe dem Jachthafen (Di geschl.).

Les Milles Saveurs, 25, boulevard du Général Leclerc, Arcachon, Tel. 05 56 83 40 28. Gutes Preis-Leistungs-Verhältnis. Hier kann man feinen *Bar rôti verdurette* probieren, Wolfsbarsch an Gemüse (Mi, Di abends geschl.).

Der Aufstieg ist anstrengend, doch der weite Blick von der Dune du Pilat über Atlantik auf der einen, und Kiefernwälder auf der anderen Seite entschädigt für alle Mühen

Les Landes –
Silberküste und Kiefernwälder

Südlich von Bordeaux erstreckt sich das Département Les Landes, das bis ins 19. Jh. eine flache, sumpfige *Heidelandschaft* war. Die kargen Böden boten höchstens genügsamen Schafen eine magere Weide und die Schäfer konnten nur auf Stelzen stehend ihre Herden überwachen. Das Aussehen der Region begann sich erst zu ändern, als man Ende des 18. Jh. begann, **Strandkiefern** aufzuforsten.

Heute sind Les Landes eine der beliebtesten französischen Urlaubsregionen. Es locken 100 km feiner Sandstrand am Atlantik, dessen Brandung zu einem Tummelplatz der Wellenreiter geworden ist. **Mimizan** und **Hossegor** sind gefragte Spots der Weltklasse. Die weiten Strände bieten soviel Raum, dass Besucher selbst zur Hochsaison einsame und kuschelige Plätzchen finden. Baden sollte man wegen gefährlicher Strömungen jedoch nur an bewachten Abschnitten im Bereich der Strandorte wie **St-Girons-Plage**, **Vieux-Boucau-les-Bains** oder **Capbreton**.

Etwas im Landesinnern liegen hinter einem Dünengürtel friedliche Binnenseen, etwa bei **Biscarrosse**. Hier sonnen sich Urlauber an kleinen Sandstränden, man kann baden, surfen, segeln oder im Kiefernwald über schnurgerade Straßen Fahrradtouren unternehmen. Auch das Wehrdorf **Labastide-d'Armagnac** mit seinem zauberhaften Marktplatz ist einen Besuch wert, ebenso der traditionsreiche Thermalkurort **Dax**.

31 Étang de Cazaux et Sanguinet

2000-jährige Geschichte unter Wasser.

25 m tief ist der schöne, 56 km² große See Étang de Cazaux et Sanguinet südlich von Arcachon. Taucher besuchen ihn gern, aber auch andere Wassersportler, die in den Uferorten *Sanguinet*, *Navarosse* oder im reizenden *Port Maguide* ihre Jolle oder ihr Surfboard zu Wasser lassen. Ein kleiner Bereich im Norden des Sees ist Militärsperrgebiet und darf wochentags nicht befahren werden.

1976 erregten **archäologische Funde** im See Aufsehen: In 13 m Tiefe entdeckten Taucher 16 Pirogen, Einbaumschiffe und Spuren eines Fischerdorfes aus der späten Eisenzeit sowie dem 7.–4. Jh. v.

◁ *Tradition und Brauchtum werden in den Landes gepflegt, wie jedes Jahr im August die Feria von Dax beweist*

Chr. Auch das spätere gallo-römische Dorf Losa wurde überflutet und ruht heute 4–5 m tief im See. Taucher gruben hier einen kleinen Tempel, Münzen, Keramik und Schmuck aus. Wer sich näher über die Unterwasserausgrabungen informieren möchte, findet im sehenswerten **Musée d'Archéologie Sublacustre** (112, place de la Mairie, Tel. 05 58 78 54 20, Juli/Aug. tgl. 10–12.30 und 14.30–19 Uhr, sonst nur nach Anmeldung, www.musee-de-sanguinet.com) in Sanguinet am Ostufer neben Münzen, Keramik und Amphoren auch ein römisches Babyfläschchen (Ende 1. Jh.) und einen Kinderohrring. Den Museumseingang schmückt eine originalgetreu nachgebaute Piroge.

ℹ Praktische Hinweise

Information
Office de Tourisme, place de la Mairie, Sanguinet, Tel. 05 58 78 67 72, Fax 05 58 78 67 26, www.sanguinet.com

32 Biscarrosse

Von Flugbooten zu Raketen.

Das 9000 Einwohner zählende Städtchen liegt zwischen drei Seen inmitten von Kiefernwald. Bequem erreicht man von Biscarrosse aus den Étang de Cazaux et Sanguinet im Norden sowie im Westen die stillen, sandigen Ufer des **Petit Étang de Biscarrosse** (109 ha) und im Süden die des **Grand Étang de Biscarrosse** (3500 ha), die durch Kanäle miteinander verbunden sind. **Biscarrosse** selbst gruppiert sich um eine schlichte gotische Kirche vom Ende des 15. Jh., die sorgfältig restauriert wurde. Den Kirchplatz dominiert eine uralte, hohe Ulme. Die Stadt erlebte ebenso wie die Nachbarorte Parentis und Mimizan einen starken wirtschaftlichen Aufschwung, als 1962 am Westufer des Grand Étang de Biscarosse das militärische und zivile Raketenforschungszentrum **Centre d'Essais des Landes** gegründet wurde, dessen weiteres Umfeld militärisches Sperrgebiet ist.

TOP TIPP In Biscarrosse befindet sich mit dem **Musée Historique de l'Hydraviation** (332, avenue Louis Breguet, Tel. 05 58 78 00 65, Juli/Aug. tgl. 10–19 Uhr, Sept.–Juni Mi–Mo 14–18 Uhr) ein interessantes Museum über Flugboote. Dies sind Wasserflugzeuge, bei denen der Rumpf als Boot gebaut ist. In den Hangars nachempfundenen Ausstellungsgebäuden am See erfährt man z. B., welche erstaunlichen Rekorde Flugboote aufstellen können. So fliegen sie beispielsweise bis zu 230 km/h und ihre Flügelspannweite kann bis zu 48 m betragen. Dokumentiert ist aber auch die Tragödie der Latham, mit der der norwegische Polarforscher Roald Amundsen 1928 über Spitzbergen in den Tod flog. Nur ein paar Schritte weiter wurde das **Musée des Traditions et de l'Histoire de Biscarrosse** (216, avenue Louis Bréguet, Tel. 05 58 78 77 37, Juli/Aug. tgl. 9.30–19 Uhr, außer So vormittags, Mitte Febr.–Juni, Sept. Di–Sa 10–12 und 14–18 Uhr) eingerichtet, ein liebevoll gestaltetes Heimatmuseum, das z. B. die früher bedeutsame Harzgewinnung anschaulich darstellt.

Als Ableger des Städtchens entstand am wunderbaren Sandstrand des Atlantiks die freundliche Sommerstadt **Biscarrosse-Plage**. Ausgedehnte Areale von Ferienhäusern und Apartments umgeben einen Fußgängerbereich mit Souvenirgeschäften.

Parentis

Erdöl prägt das Städtchen am östlichen Ausläufer des Étang de Biscarrosse, seit das ›schwarze Gold‹ hier in den 1950er-Jahren entdeckt wurde. Die Plattformen im Wasser, in dem trotzdem gebadet und gesurft wird, gehören ebenso zum Landschaftsbild wie die sich träge und rhythmisch bewegenden Pumpen. Das im See geförderte Öl macht insgesamt etwa 2% des französischen Bedarfs aus.

i Praktische Hinweise

Information
Office de Tourisme, place George Dufau, Biscarrosse, Tel. 05 58 78 20 96, Fax 05 58 78 23 65, www.biscarrosse.com

Restaurant
Chez Camette, 532, avenue Latécoère, Biscarrosse, Tel. 05 58 78 12 78. In dem kleinen Lokal isst man gut und günstig, z. B. gefüllte Zucchini mit Couscous.

33 Mimizan

Traumhafter Strand und Reste einer im Sand versunkenen Benediktinerabtei.

Das gesamte mittelalterliche Städtchen, sein Hafen und eine Abtei wurden im Laufe des 18. Jh. unter dem Sand einer heute befestigten Wanderdüne begraben. Nur der alte **Glockenturm** mit reich

Wasserflugzeuge meistern sowohl Winde als auch Wellen, wie das Musée Historique de l'Hydraviation in Biscarrosse dokumentiert

34 Parc Naturel Régional des Landes de Gascogne

Ein stilles Plätzchen zum Auspannen findet man gewiss am hübschen Étang d'Aureilhan

verziertem Eingangsportal ist am westlichen Ortsrand des nebenan neu erbauten Mimizan noch zu sehen. Er erinnert an eine Benediktinerabtei aus dem 12./13. Jh., die Jakobspilgern Unterkunft gewährte. Eine sehr schön gearbeitete ›Anbetung der Heiligen drei Könige‹ schmückt das Tympanon des Turms, in den Archivolten entdeckt man Tierkreiszeichen, Propheten und Monatsdarstellungen.

Das benachbarte **Musée de Mimizan** (20, rue de l'Abbaye, Tel. 05 58 09 00 61, http://musee.mimizan.com, Mitte Juni–Mitte Sept. Mo–Fr 10.30–19, Sa 14–19 Uhr, außerhalb der Saison Sa geschl.) vermittelt mit Modellen und Schautafeln einen Eindruck von der Vergangenheit Mimizans.

Nördlich des Ortes erstreckt sich der reizvoll in den Kiefernwald eingebettete **Étang d'Aureilhan** (660 ha), der sich für eine gemütliche Ruderbootpartie anbietet. Über die *Promenade Fleurie*, an der Bambus, Bananenstauden, Hibiskus, Tamarisken und viele andere exotische Gewächse angepflanzt wurden, kann man einen angenehmen Spaziergang zum See unternehmen.

Der 6 km westlich von Mimizan am Atlantik liegende Badeort **Mimizan-Plage** wird durch den *Courant*, den von dichtem Grün gerahmten Abfluss des Étang d'Aureilhan, zweigeteilt. Der feinsandige, breite und kilometerlange *Strand* lockt Scharen von Urlaubern an, die starke Brandung ist Spielwiese der Wellenreiter. Da scheint die gesichtslose Neubausiedlung hinter den Dünen nicht weiter zu stören. Ein **Fahrradweg** führt von Mimizan-Plage zum See, eine andere reizvolle Route verläuft durch schattigen Kiefernwald und einen wahren Teppich von Farn und Heidekraut 12 km parallel zur Küste nach Contis.

ℹ Praktische Hinweise

Information

Office de Tourisme, 38, avenue Maurice Martin, Mimizan-Plage, Tel. 05 58 09 11 20, Fax 05 58 09 40 31, www.mimizan-tourism.com

Restaurant

Au bon Coin du Lac, 34, avenue du Lac, Mimizan, Tel. 05 58 09 01 55. Ruhig am See gelegenes Feinschmeckerrestaurant mit einigen Zimmern und Apartments. Wunderbar ist der Blick ins Grüne, exquisit sind die Michelin-Stern-gekrönten Gerichte wie Stockente mit Feigen.

34 Parc Naturel Régional des Landes de Gascogne

Eintauchen in das bäuerliche Leben um die Jahrhundertwende.

Entlang der beiden Flüsschen *Grande Leyre* und *Petite Leyre*, die sich zur **Eyre** vereinigen, wurde 1970 ein 206 000 ha großes Waldgebiet südöstlich des Bassin d'Arcachon bis zum kleinen Ort Sabres unter Naturschutz gestellt. Am schönsten erlebt man diese stille, waldige Landschaft bei einer **Kanufahrt** auf der Grande Leyre, z.B. ab der *Base Nautique de Saugnacq-et-Muret* (33 km nördlich von Sabres an der N 10). Der Wasserlauf mäandert durch eine dichte Vegetation aus Erlen, Weiden und Farnen. Selbst Anfänger können die Fahrt gut bewältigen, es gibt keinerlei technische Schwierigkeiten und in Abständen von 15–20 km bieten Campingplätze oder einfache Hütten Übernachtungsmöglichkeiten. Auch **Radfahrern** bieten sich vielfältige Tourenmöglichkeiten, z.B. wurden alte Eisenbahntrassen zu Radwegen ausgebaut.

Als Symbole des Naturparks wählte man Fuchs und Huhn, ein Hinweis darauf, daß die Menschen hier ehedem Hirten und Bauern waren. *Quartier* nennt man die bescheidenen Gutshöfe, von denen heute die meisten als Feriendomizile genutzt werden. Ein solches Quartier kann man im **Ecomusée de la Grande Lande** (Tel. 05 58 08 31 31, www.parc-landes-de-gascogne.fr, Juni–Mitte Sept. tgl. 10–12 und 14–19 Uhr, Mitte Sept.–Mitte Nov. tgl. 14–18 Uhr) in Marquèze bei Sabres besichtigen. Ein kleiner **Zug** (verkehrt Juni–Mitte Sept. tgl. 10.10–17.20 Uhr, April/Mai, Mitte Sept.–Mitte Nov. Mo–Sa 14–16.40, So 10.10–16.40 Uhr im 40 Min.-Takt) bringt Besucher vom Bahnhof Sabres in das sehenswerte Freilichtmuseum. Idyllisch mutet die Szenerie vor Ort an: Auf einer Waldlichtung wurden zwischen Eichen und Kastanien mehrere Gebäude eines Gutshofs wieder aufgebaut, wie er Ende des 19. Jh. in den Landes üblich war. Man besichtigt Wohnhäuser von Gutsbesitzern, Pächtern und Landarbeitern, Schafställe, Scheunen, eine kleine Mühle, einen typischen, wegen der Fuchsgefahr auf Stelzen gebauten Hühnerstall und vieles mehr. Ausstellungen über Harzgewinnung, Bienenzucht und Brauchtum runden dieses Museum ab, das einen lebendigen Eindruck vom Leben der Landes-Bewohner vergangener Zeiten vermittelt.

ℹ Praktische Hinweise

Sport

Atelier-gîte, Saugnacq-et-Muret, Tel. 05 58 07 73 01, Fax 05 58 07 72 71, ateliergite@parc-landes-de-gascogne.fr. Zentrum für Kanu- und Fahrradtouren mit Ausrüstungsverleih; anbei ein einfacher Campingplatz mit Zeltvermietung.

Centre d'Animation du Graoux, Belin-Beliet, Tel. 05 57 71 99 29, Fax 05 57 71 99 20. Kanu- und Kajakverleih.

Hotel

Auberge des Pins, route de la Piscine, Sabres, Tel. 05 58 08 30 00, Fax 05 58 07 56 74, www.aubergedespins.fr. Empfehlenswertes Landhotel in einem für die Region typischen Fachwerkhaus mit gutem Restaurant.

Das historische Himmelbett stand früher im Haus eines Bürgermeisters, heute ziert es als Ausstellungsstück das Ecomusée de la Grande Lande

34 Parc Naturel Régional des Landes de Gascogne

Ebenso schön wie nützlich: Die von Menschenhand geschaffene Idylle des Kiefernwaldes der Landes verhindert ein beständiges Vordringen der Atlantikdünen

La Pinhada – der Kiefernwald

Heidekraut, Farn und Stechginster – bis weit ins 18. Jh. prägte anspruchslose Vegetation die öde Region der Landes. Die dort lebenden Menschen versuchten mehr schlecht als recht, sich von Ackerbau und Kleintierzucht zu ernähren. Der **Schafhirte**, der auf Stelzen in dem flachen, sumpfigen Gelände über seine Herde wacht, wurde zum Symbol für den Landstrich und ist heute beliebtes Fotomotiv folkloristischer Veranstaltungen.

Die Lebensbedingungen verbesserten sich erst, als 1788 der Ingenieur **Nicolas Brémontier** mit der seit dem Mittelalter geplanten Fixierung der Dünen am Atlantik begann. Er ließ hölzerne Palisaden errichten, gegen die sich der verwehte Sand aufhäufte, bis eine künstliche, ca. 10 m hohe Düne entstanden war. Diese befestigte er mit Strandhafer und pflanzte landeinwärts im Windschatten Strandkiefern, die wiederum Schutz boten für die Aufforstung des nachfolgenden Kiefernstreifens usw. 1867 war die gewaltige Aktion beendet. Heute erstreckt sich zwischen der Girondemündung und dem Baskenland **La Pinhada**, das mit 950 000 ha größte zusammenhängende Waldgebiet Frankreichs – eine Kiefernmonokultur, durchzogen von schnurgeraden Straßen. Im Sommer ist die Brandgefahr nicht zu unterschätzen, die Hinweisschilder **Attention au Feu** sollte man daher sehr ernst nehmen.

Die **Holzindustrie** wuchs schnell zu einem wichtigen Wirtschaftszweig heran. Die Stämme wurden im Bergbau verwendet oder in Sägewerken weiter verarbeitet. Nach dem Zweiten Weltkrieg entstanden in Mimizan, Dax und Facture Zellstoff- und Papierfabriken. Heute wird das Kiefernholz der Landes zu Möbeln, Parkett und Papier verarbeitet. Im 19. Jh. war auch die **Harzgewinnung** eine bedeutende Einnahmequelle. 30 000 **Gemmeurs** (Harzzapfer) verdienten damit noch Anfang des 20. Jh. ihren Lebensunterhalt. Da heutzutage die Kunstharzproduktion preiswerter ist, wird das alte Handwerk mittlerweile nur noch in Volkskundemuseen gezeigt.

Ein beliebter Badeplatz ist die Plage de Vielle im Norden des Étang de Léon

35 Étang de Léon

Natur pur am idyllischen See.

Ginster und Kiefern umgeben den hübschen, 336 ha großen Étang de Léon. Er steht zwar unter Naturschutz, doch auf dem Wasser tummeln sich Badende, Segler und Windsurfer. Sandstrände säumen den See am Südufer und im Norden beim Campingplatz von Vielle. Ein besonderes Naturerlebnis bietet der **Courant d'Huchet**, der ca. 8 km lange Abfluss zum Ozean: Urwaldartig, fast exotisch mutet die dichte Vegetation im Bereich des Wasserlaufs an, mit Weiden, Erlen, Tamarisken, Hibiskus, Heidekraut und Seerosen. Ab der Brücke von Pichélèbe schlängelt sich der Courant durch den von Binsen und Schilf geprägten Dünengürtel, dann bahnt er sich seinen Lauf durch feinen Sandstrand ins Meer. Unvergesslich ist die Fahrt mit einer **Barke**; die längste, 4 Std. dauernde Tour führt bis zu der kleinen Häusergruppe *Bains d'Huchet* am Meer. Einen solchen Ausflug muss man jedoch mehrere Tage im Voraus beim *Bureau des Bateliers* (Tel. 05 58 48 75 39) an der Ablegestelle am südlichen Seeufer buchen. Es befindet sich in **Léon**, dem Hauptort dieses insgesamt sehr dünn besiedelten Gebietes. Hier stehen bei der niedrigen Kirche einige hübsche, für die Landes typische Fachwerkhäuser. Lebhaft wird es in dem 1300-Seelen-Dorf am Dienstag und Samstag, wenn um die *Place de l'Église* und die *Place de la Poste* Wochenmarkt abgehalten wird.

Romantisch brandet der Atlantik an den Strand von **St-Girons-Plage** etwa 5 km nördlich des Courant d'Huchet. Die wunderschöne feinsandige Küste ist hier so gut wie nie überfüllt. 4 km südlich des Courant findet man bei **Moliets-Plage** den wohl breitesten Strand des Landes: rund 150 m goldfarbener Sand bester Qualität. Hier hat man einen separaten Abschnitt für Freunde des Lenkdrachen-Sports (*Cerfs Volants*) ausgewiesen.

i Praktische Hinweise

Information

Office de Tourisme, 65, place J. B. Courtiau, Léon, Tel. 05 58 48 76 03, Fax 05 58 48 70 38, www.ot-leon.fr

Hotel

**Du Lac, rue des Berges du Lac, Léon, Tel. 05 58 48 73 11, Fax 05 58 49 27 79, www.hoteldulac-leon.com. Gutes Hotel mit Seeblick vom Speisesaal aus. Die Küche offeriert Spezialitäten wie Entenconfit, eingemachtes Fleisch.

36 Vieux-Boucau-les-Bains

Süß- und Salzwasser nebeneinander.

Vieux-Boucau bedeutet ›alte Mündung‹. Gemeint ist damit die des Flusses Adour, die mehrmals ihre Lage änderte. Lange Zeit mündete der Wasserlauf bei Port d'Albret, wie Vieux-Boucau bis ins 16. Jh. hieß, doch 1578 wurde er in seinem heutigen Verlauf kanalisiert und erreicht seitdem bei Bayonne das Meer.

Vieux-Boucau ist heute ein angenehmer **Badeort**, im küstennahen Kiefernwald entstanden ausgedehnte Feriensiedlungen und Villenviertel. Hier gibt es Hotels, Boutiquen und ein umfangreiches Sportangebot vom Wellenreiten und Tennis über Reiten und Golf bis zum Pelote. Als besondere Attraktion wurde der 70 ha große, künstliche Meerwassersee Lac Marin 1980 mit Stränden und einer künstlichen Insel in dem gleichzeitig ringsum entstandenen Ortsteil Port d'Albret im Südosten geschaffen. Die Urlauber haben nun die Wahl zwischen dem prächtigen Badestrand am Atlantik, dem ebenfalls salzigen **Lac Marin** und dem friedlichen Süßwassersee **Étang de Soustons** im Inland, auf dem gesurft, gesegelt oder gerudert werden kann.

ℹ Praktische Hinweise

Information

Office de Tourisme, 11, promenade du Mail, Vieux-Boucau-les-Bains, Tel. 05 58 48 13 47, Fax 05 58 48 15 37, www.ot-vieux-boucau.fr

Hotel

Hotel Dehiou, route de Magescof, 2 km vom Zentrum von Souston, Tel./Fax 05 58 41 57 02, www.dehiou.com. Kleines Landhotel in Waldesnähe, paradiesisch ruhig gelegen. Mit Restaurant.

37 Hossegor

Salzwasserbadesee im Kiefernwald.

Eine Kolonie von Künstlern, Literaten und Intellektuellen – unter ihnen der Dichter Paul Margueritte, der Komponist Maurice Ravel und der italienische Romancier Gabriele d'Annunzio – ließ sich um 1900 in der ländlichen Idylle am Salzwassersee **Lac Marin d'Hossegor** nieder und legte so den Grundstein für die Entwicklung des gepflegten Ferienortes. In der Folge mauserte sich Hossegor zu einer eleganten Sommerfrische. Am Südufer entstand das **Quartier du Golf** mit seinen großzügigen Villen im damals sehr beliebten baskisch-landaiser Stil: ausladende, weiße Landhäuser, in Fachwerkart

Morgendlicher Marsch zum Wasser – mit Sack und Pack pilgern Urlauber zu den Ufern des Étang de Soustons, die für alle ein schönes Plätzchen bereithalten

Hossegor

Ob der vollendeten Schönheit des Fluges vergisst man leicht die Gefahr, in die sich der Sauteur begibt, wenn er scheinbar mühelos über die Hörner der Kuh hinwegspringt

Gewagte Sprünge, elegante Pirouetten

Kurz bevor die mit gesenktem Kopf heranstürmende Kuh den weiß gekleideten Mann in der Arena auf die Hörner nimmt, springt dieser, beide Füße in einer Baskenmütze fixiert, über das massige Tier hinweg – eine akrobatische Meisterleistung, die das Publikum mit reichlich Applaus honoriert. Auch das darauf folgende Ausweichen mit einer knappen Körperdrehung, ohne sich vom Platz zu bewegen, wird eifrig beklatscht. Die Zuschauer bewundern Geschick und Mut der Männer, die sich der nicht ungefährlichen **Course landaise** verschrieben haben. Dieser traditionelle Sport ist im Gebiet zwischen den Pyrenäen und der Garonne zu Hause. Es handelt sich um einen unblutigen **Wettkampf**, bei dem die Protagonisten über eine kräftige, galoppierende Kuh springen oder ihr möglichst elegant ausweichen.

›Verbrieft‹ ist die Course landaise seit 1286 und vielfältig waren die Bemühungen von Obrigkeit und Kirche, dem Treiben vermutlich heidnischen Ursprungs Einhalt zu gebieten. Doch selbst die 1567 von Papst Pius V. erlassene **Bulle**, die Kämpfe mit Stieren und wilden Tieren verbot und Zuwiderhandlungen mit Exkommunikation bedrohte, blieb ohne nachhaltige Wirkung.

Anfangs fanden die Courses auf der Straße statt, später baute man **Arenen**. Die größten findet man heute in Bayonne und Dax, kleinere auch in Vieux-Boucau-les-Bains oder Hossegor. Vor 1900 verwendete man oft Stiere, wie bei der spanischen Corrida, später **300–400 kg** schwere, eigens gezüchtete Kühe. Üblicherweise dauert eine Course mit mehreren Durchgängen rund 2 Std. Die Mannschaft, **Quadrilla**, besteht aus sieben **Ecarteurs**, Ausweichern, und vier weiß gekleideten Männern: einem **Sauteur**, Springer, zwei **Entraineurs**, Trainern, die die Kuh in die richtige Position bringen, und einem **Cordier**, ›der die Fäden zieht‹, d.h. die Kuh mit einem Seil dirigiert. Alljährlich finden etwa 450 Courses landaises statt.

grün oder rot verziert. Das macht noch heute den Charme des Städtchens aus und unterscheidet es von den anderen Küstenorten. Die neueren Viertel des 2000 Einwohner zählenden Hossegor entstanden ab den 1960er-Jahren am Atlantik, der hier mehrere wunderschöne, weite **Sandstrände** bietet. Ein 18-Loch-Golfplatz, ausgezeichnete Wellenreitbedingungen, Kasino, Stierkampfarena, Pelotehalle und Tennisplätze runden das Freizeitangebot dieses beliebten Badeortes ab. An den sandigen Ufern des den Gezeiten unterworfenen Lac Marin d'Hossegor herrscht im Sommer ebenfalls munteres Leben, denn man kann *Pedalos* (Wassertretboote) mieten, baden, surfen, segeln oder den See auf einem 6 km langen Spazierweg umrunden.

Capbreton

Der ältere Nachbarort Capbreton ist von Hossegor nur durch den großen Jachthafen im Mündungsbecken der beiden Flüsschen Boudigau und Bourret getrennt. Der Fischreichtum des **Gouf de Capbreton**, eines sich 300 m vor der Küste im Meer öffnenden, 1000 m tiefen felsigen Grabens, sicherte lange Zeit den Wohlstand des Städtchens.

Dank seiner einladenden hellbeigen Sandstrände leben die rund 5000 Einwohner von Capbreton heute allein vom Tourismus. Viele Apartments, Villen und Geschäftszeilen wurden in den letzten Jahrzehnten gebaut. Sehr schön ist bei klarem Wetter der Blick von der Uferpromenade auf die felsige, baskische Küste und die grünen Pyrenäen im Süden. Empfehlenswert ist auch ein Besuch des neu gestalteten **Écomusée de la Pêche & Aquarium** (avenue Georges Pompidou, Tel. 05 58 72 40 50, www.ecopeche.fr, Juli/Aug. tgl. 10–23 Uhr, April–Juni, Sept. tgl. 14–18.30 Uhr, Febr./März, Okt.–Dez Mi, Sa/So 14–18.30 Uhr, neu eröffnet im Juni 2007), in dem man sich über Meeresflora und -fauna sowie über die Geschichte des Fischfangs an der landaiser Küste informieren kann.

Praktische Hinweise

Information

Office de Tourisme, place des Halles, Hossegor, Tel. 05 58 41 79 00, Fax 05 58 41 79 09, www.hossegor.fr

Hotels

**Les Acanthes, avenue du Touring Club, Hossegor, Tel. 05 58 43 78 09, Fax 05 58 41 74 95, www.les-acanthes.fr. Freundliches Hotel mit komfortablen Zimmern, Terrasse und Garten am See.

**La Tetrade Côté Lac 1187, avenue du Touring Club, Hossegor, Tel. 05 58 43 51 48, Fax 05 58 41 73 11, www.latetradecotelac.fr. Das hübsche Landhaus bietet Zimmer mit Seeblick. Im Restaurant gibt es baskische und französische Küche, Spezialität: Meeresfrüchte.

Restaurant

TOP TIPP **La Pêcherie Ducamp**, 4, rue du Port d'Albret, Capbreton, Tel. 05 58 72 11 33. Rustikales Ambiente, aber wer Meeresfrüchte, Krebse, Austern und Fisch liebt, findet hier sein kleines Paradies.

38 Dax *Plan Seite 106*

Heilendes Wasser und Stierkämpfe.

Dax (20 000 Einw.), das römische *Aquae tarbellicae*, ist Frankreichs führender **Rheumakurort**. Der Legende nach wollte einst ein römischer Legionär seinen rheumakranken Hund im Adour ertränken, fand ihn aber nach einiger Zeit putzmunter und geheilt wieder vor. Das kalzium- und sulfathaltige Heilwasser ist am Südufer des Adour an der Esplanade du Général-de-Gaulle in der **Fontaine chaude** (1808–18) gefasst, auch *Source de la Néhe* genannt. Stündlich ergießen sich 100 000 l des 64 °C heißen Wassers in ein rechteckiges Bassin und fließen über bronzene Wasserspeier in Form von Löwenköpfen ab.

Frankreich wie es leibt und lebt – erfahrene Männer beim Boule-Spielen an der Uferpromenade von Capbreton

Dax

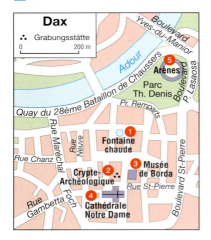

Es heißt, dass sogar Julia, die Tochter von Kaiser Augustus, Dax im 1. Jh. n. Chr. einen Besuch abstattete und so die heißen Quellen im ganzen Römischen Reich bekannt machte. Viel ist aus gallo-römischer Zeit allerdings nicht erhalten. Lediglich kann man in der **Crypte-Archéologique** ❷ (rue Cazade, Tel. 05 58 74 12 91, Führungen Di–So 16 Uhr) die Ruinen eines Tempels aus dem 2. Jh. besichtigen. Das gegenüberliegende **Musée de Borda** ❸ (11 bis, rue des Carmes, Tel. 05 58 74 12 91, Di–So 14–18 Uhr) ist nach dem aus Dax stammenden Mathematiker, Physiker und Seefahrer Jean-Charles de Borda (1733–1799) benannt. Das Gebäude ist ein Stadtpalais des 17. Jh. Die Sammlung zeigt archäologische Funde aus der Region, u. a. Bronzestatuetten aus dem 1. Jh. n. Chr., Münzen und Mosaike. Ferner ist dem Stierkampf und der *Course landaise* je eine Abteilung gewidmet.

Am Ende der Rue Cazade erhebt sich die klassizistische **Cathédrale Notre-Dame** ❹. Sie birgt im Innern im linken Querschiff das wunderschöne gotische ›Portal der Apostel‹ (13. Jh.). Es stammt von dem im 17. Jh. eingestürzten Vorgängerbau. Jeden Samstagvormittag findet auf dem Kirchplatz und in der nahen Markthalle ein lebhafter **Bauern-** und **Blumenmarkt** statt. Durch den schattigen *Parc Théodore Denis* am Adourufer im Nordosten der Altstadt erreicht man die 1913 errichteten **Arènes** ❺, die 8500 Menschen Platz bieten. Mitte August feiert Dax jedes Jahr eine einwöchige **Feria** mit zahlreichen Stierkämpfen. Dann gerät die normalerweise eher behäbige Kurstadt außer Rand und Band. Zum Rahmenprogramm gehören Pelotespiele, Umzüge und viele Musikveranstaltungen.

ℹ Praktische Hinweise

Information

Office de Tourisme et du Thermalisme, 11, cours Foch, Dax, Tel. 05 58 56 86 86, Fax 05 58 56 86 80, www.dax-tourisme.com

Anklänge an die römische Vergangenheit von Dax zeigt die wuchtige Steinfassung der heilkräftigen Fontaine chaude am Ufer des Adour

39 Labastide-d'Armagnac

Das kunstvolle Gewölbe der Kirche Notre-Dame von Labastide-d'Armagnac überspannt grazil den überraschend weiten, lichten Innenraum

Hotel

***Grand Hotel Mercure Splendid, cours de Verdun, Dax, Tel. 05 58 56 70 70, Fax 05 58 74 76 33, www.mercure.com. Elegantes Kurhotel aus den 1920er-Jahren mit geräumigen, modernen Zimmern und Speisesaal im Art-déco-Stil. Mit Garten, Terrasse, Swimmingpool und eigenem Thermalzentrum.

39 Labastide-d'Armagnac

 Eines der schönsten Wehrdörfer in Les Landes.

Der Ursprung des malerisch in leicht hügeliger Landschaft gelegenen Dorfes geht auf das 13. Jh. zurück, als der Comte d'Armagnac die Bastide im Nordwesten seiner Grafschaft anlegen ließ. Die große, rechteckige **Place Royale** im Zentrum säumen Arkadenhäuser (14.–18. Jh.), von denen keines dem anderen gleicht: Fachwerk und Ziegelbau, Holzbalkone oder steinerne Bögen – ein wunderschönes Ensemble, von keiner Bausünde getrübt.

Beschaulich und friedlich ist die Atmosphäre in dem 800-Seelen-Ort. Alte Männer mit Baskenmütze halten nachmittags einen Plausch neben der Wehrkirche **Notre-Dame** (15. Jh.), die im Innern eine spätgotische hölzerne Pietà bewahrt. Nebenan liegt unter dem Rathaus der Kornspeicher, dem im Belagerungsfall eine Schlüsselfunktion zukam.

An die Zeiten, als Labastide protestantisch war, erinnert die schlichte, in Naturstein und Fachwerk erbaute evangelische Kirche des Ortes von 1607.

Praktische Hinweise

Information

Office de Tourisme, place Royale, Labastide-d'Armagnac, Tel. 05 58 44 67 56, Fax 05 58 44 84 15, www.labastide-d-armagnac.com

Euskal Herria – Land der Basken

Südlich der Adourmündung bricht eine buchtenreiche **Steilküste** 30–50 m nahezu senkrecht in den Atlantik ab, der sie mit seiner anrollenden Brandung von unten her langsam aushöhlt. An dieser dicht besiedelten, 30 km langen Küste reihen sich Städte mit klangvollen Namen: Das malerische **St-Jean-de-Luz**, Maurice Ravels Geburtsort **Ciboure** und – nicht zu vergessen – das elegante Seebad **Biarritz**, die Perle des Baskenlandes, die vor mehr als 100 Jahren mit Napoleon und Eugénie sogar ein Kaiserpaar an den Atlantik zog. »Dieses Land der Basken nun ist weich, angenehm, begrünt und wellig, soweit es vor den Pyrenäen in der Ebene liegt, wie überhaupt der Fuß dieses Gebirges das Schönste ist, was ich dort zu sehen bekommen habe ...« schwärmt Kurt Tucholsky in seinem *Pyrenäenbuch*. Der Schriftsteller hatte in den 1830er-Jahren die einstige baskische Hauptstadt **Bayonne** besucht, den alten Jakobspilgerort **St-Jean-Pied-de-Port** und die schmucken Gebirgsdörfer der Region.

Als Panoramaberg der Pyrenäen gilt der 900 m hohe **Rhune**, von dessen Gipfel man das Labourd überblickt, eine der drei französischen Provinzen, die zusammen mit vier spanischen das Baskenland bilden.

40 Bayonne *Plan Seite 110*

Traditionsreiches Tor zum Baskenland.

Die heimliche Hauptstadt des Baskenlandes (44 000 Einw.), ist bekannt für Schinken, Schokolade und Stierkämpfe, aber auch für das hier erfundene Bajonett, mit dem ab 1703 die französische Infanterie ausgerüstet wurde.

Geschichte Im 1. Jh. n. Chr. entstand die befestigte Siedlung **Lapurdum** um das Hauptquartier der römischen Soldaten in der Provinz Novempopulanie am Zusammenfluss von Adour und Nive. *Labourd*, der heutige Name der westlichsten baskischen Provinz, leitet sich davon ab. Nach der baskischen Bezeichnung *Ibai on*, Vereinigung zweier Wasser, wurde die florierende Stadt mit dem Flusshafen seit dem 12. Jh. **Baiona** genannt. Durch die Heirat von Aliénor d'Aquitaine mit Henri Plantagenêt kam Bayonne im 12. Jh. unter englische Herrschaft und blühte durch den **Handel** mit Britannien, Flandern, Spanien, Navarra und den Hansestädten wirtschaftlich auf. Nach dem Anschluss an Frankreich 1451 verlor Bayonne an Bedeutung, weil der England-Handel versiegte und die Adourmündung verschlammte. Erst 1578 wurde der Fluss umgeleitet und 6 km nördlich bei Boucau eine neue Mündung fixiert, woraufhin sich die Schifffahrt wieder belebte.

Ab dem 17. Jh. brachten *Corsaires*, vom französischen König autorisierte **Piraten**, Geld und Wohlstand in die Stadt. Bayonner Bürger rüsteten zahlreiche Korsarenschiffe aus, denn den Schiffseignern standen zwei Drittel der gekaperten Beute zu. Ein **Goldenes Zeitalter** brachte im 18. Jh. der Kaffee-, Kakao- und Zuckerrohrhandel mit den neuen Überseekolonien. Heute stellen Mais, Schwefel und Rohöl den Hauptanteil der Exportgüter. Über mehrere Kilometer dehnen sich zum Meer hin am Adour moderne Hafenanlagen aus.

Besichtigung Die Nive trennt den westlichen Stadtteil Grand Bayonne von dem kleineren östlichen Petit Bayonne. Beide bilden mit **St-Ésprit** am Nordufer des Adour die *Altstadt*. Diese ist in weiten Teilen noch von Bastionen umgeben, die

◁ *Die Grande Plage in Biarritz bietet Tausenden von Badefreunden ausreichend Platz*

Vauban um 1680 im Auftrag Louis' XIV. ausbaute. Im Zuge dieser Erneuerung ließ der Festungsbaumeister auch bei St-Ésprit über dem Nordufer die sternförmige **Citadelle** ❶ errichten, in deren Mauern sommers mitunter Konzerte oder Theaterstücke im Rahmen der *Fêtes de Bayonne* (www.fetes.bayonne.fr) stattfinden.

Grand Bayonne

Den Zusammenfluss von Nive und Adour überblickt das auf dem Westufer an der Place de la Liberté gelegene, repräsentativ mit Arkaden versehene **Hôtel de Ville** ❷ (1842), in dem auch das Stadttheater beheimatet ist. Niedrige Bogengänge säumen die stadteinwärts führende Fußgängerstraße **Rue du Port-Neuf** ❸, in der Pâtisserien und *Salons de Thé* mit süßen Köstlichkeiten zum Schlemmen verlocken. Dass hier Schokoladenherstellung Tradition hat, ist spanischen und portugiesischen Juden zu verdanken, die sich Anfang des 17. Jh. auf der Flucht vor der Inquisition hier niederließen.

Im Herzen von Grand Bayonne ragen die beiden massigen Vierecktürme der **Cathédrale Ste-Marie** ❹ (Juni–Sept. tgl. 9–12.30 und 14–18 Uhr, Okt.–Mai tgl. 9–12.30 und 14–17 Uhr) mit ihren leicht wirkenden, kegelförmigen Aufsätzen in den Himmel, einer der wenigen stilreinen gotischen Kirchen in Südfrankreich. Mit dem Bau des dreischiffigen, 80 m langen und 33 m breiten Gotteshauses war unter der Herrschaft der englischen Könige begonnen worden (1213–1544). Im Innern beeindrucken besonders der hochgotische Chor, die vom Anfang des 16. Jh. stammenden Glasfenster und das gotische Portal der Sakristei. Dieses führte einst in den filigran wirkenden **Kreuzgang**, den man heute von außen, von der Place Pasteur her betritt. Er ist ein Meisterwerk der Hochgotik, an den Wänden sind Grabsteine zu sehen.

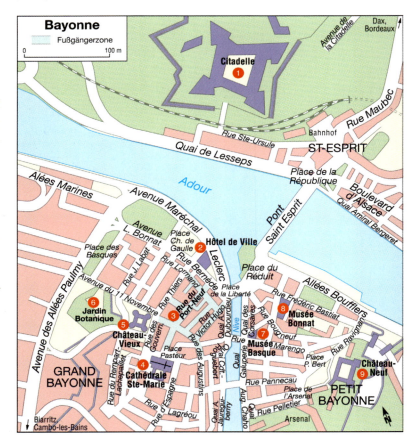

Über die nordwestlich der Kathedrale verlaufende Rue des Gouverneurs gelangt man zur wuchtigen Festung **Château-Vieux** 5, deren vier Ecken Rundtürme markieren. Das Bollwerk entstand im 12.–17. Jh. auf Resten der römischen Stadtmauer und ist nicht zugänglich, da es vom Militär genutzt wird. Westlich schließen sich Teile des sternförmigen **Festungsgürtel** aus dem 17. Jh. an. Auf der Eckbastion wurde, leider räumlich begrenzt, der üppig grüne **Jardin Botanique** 6 (Mitte April–Mitte Okt. Di–Sa tgl. 9–12 und 14–18 Uhr) angelegt.

Petit Bayonne

Mehrere Brücken führen über die Nive nach Petit Bayonne, wie z. B. der *Pont Marengo*, von dem man einen schönen Blick auf die schmalen, hohen Arkadenhäuser am Fluss hat.

Den Basken und ihrer Geschichte ist das **Musée Basque** 7 (37 quai des Corsaires, Tel. 05 59 46 61 90, Juli/Aug. tgl. 10–18.30 Uhr, Mai/Juni, Sept./Okt. Mi–Mo 10–18.30 Uhr, Nov.–April Mi–Mo 10–12.30 und 14–18 Uhr, www.musee-basque.com) gewidmet. Außerdem werden hier die verschiedenen Aspekte baskischer Kultur vorgestellt.

Kunstinteressierten bietet das **Musée Bonnat** 8 (5, rue Jacques-Laffitte, Tel. 05 59 59 08 52, Juli/Aug. tgl. 10–18.30 Uhr, Mai–Okt. Mi–Mo 10–18.30 Uhr, Nov.–April Mi–Mo 10–12.30 und 14–18 Uhr, www.musee-bonnat.com) die Sammlung des 1833 in Bayonne geborenen Malers Léon

Oben: Dicht an dicht stehen Fachwerk- und Arkadenhäuser am Ufer der Nive im Stadtviertel Petit Bayonne
Unten: Reinste Gotik – Himmelwärts streben Architektur und Kunstwerke der wunderschönen Cathédrale Ste-Cathérine

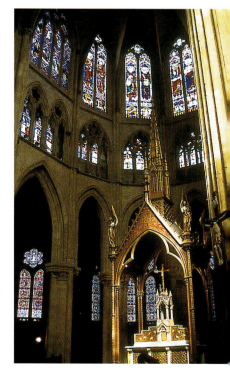

Bayonne

Bonnat († 1922). Selbst anerkannter Porträtmaler, investierte er sein Geld in Gemälde, Plastiken und Zeichnungen großer Meister. Zur Kollektion gehören Bilder von Frans Hals, Rembrandt und Goya. Sein *Cabinet des Dessins* mit Werken von Dürer, Rubens und Ingres ist nach dem Louvre in Paris die zweitgrößte Sammlung dieser Art in Frankreich. Im Osten von Petit Bayonne liegt etwas erhöht das im 15. Jh. mit mächtigen Rundtürmen erbaute **Château-Neuf** ❾. In einigen der Säle finden Wechselausstellungen statt.

Bayonne geht im Westen fast nahtlos über in die Nachbarstädte Biarritz [Nr. 41] und Anglet, das eine Hochburg der Golfer ist und über schöne Strände verfügt. **BAB**, die Anfangsbuchstaben des urbanen Konglomerats, bezeichnen den gesamten Großraum.

ℹ Praktische Hinweise

Information
Office de Tourisme,
place des Basques, Bayonne,
Tel. 05 59 46 01 46, Fax 05 59 59 37 55,
www.bayonne-tourisme.com

Hotel
*****Frantour Loustau**, 1, place de la République, Bayonne, Tel. 05 59 55 08 08, Fax 05 59 55 69 36, www.hotel-loustau.com. Moderne Zimmer bietet das gepflegte Haus in St-Ésprit am Adour.

Café
Maison Cazenave, 19, rue du Port-Neuf, Bayonne, Tel. 05 59 59 03 16. Unter den Arkaden kann man bei Kakao und baskischem Kuchen dem lebhaften Treiben in der Fußgängerzone zuschauen.

Restaurants
Au Cheval Blanc, 68, rue Bourgneuf, Bayonne, Tel. 05 59 59 01 33. Das elegante Restaurant in Petit Bayonne genießt einen ausgezeichneten Ruf. Hier werden baskische Spezialitäten modern kreiert, z. B. gegrillter Seehecht (*Merlu*) in Geflügel-Jus auf Zwiebelbett (Mo geschl., So abends und Sa mittags geschl.).

François Miura, 24, rue Marengo, Bayonne, Tel. 05 59 59 49 89. Empfehlenswertes Lokal, in dem regionale Spezialitäten köstlich zubereitet werden, z. B. *Chipirons farcis* (gefüllte Tintenfische).

41 Biarritz

Die Grande Dame der Seebäder.

Wo einst gekrönte Häupter und Adelige aus ganz Europa flanierten und vor grandioser Felskulisse der Atlantikbrandung lauschten, drängen sich heute Surfer und

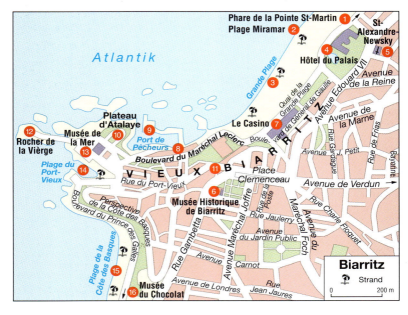

Golfspieler zwischen Betonkuben und hupenden Autos. Doch nach wie vor gibt es die charmante Seite der kleinen Stadt (33 000 Einw.) mit dem großen Namen, in der sich elegante Bauwerke der Belle Époque mit großen, modernen Hotel- und Apartmentblocks mischen.

Geschichte Die Herkunft der Bezeichnung Biarritz, erstmals im 12./13. Jh. als **Beiarrids** belegt, ist unklar: Es könnte ›Walfänger‹ bedeuten oder ›Gebiet eines gewissen Beiar‹. Jedenfalls war Biarritz bis Anfang des 19. Jh. ein unbedeutendes Fischerdorf, in dem Walfänger ihre Beute bei Flut anlandeten. Als Mitte des 18. Jh. ein Bad im Meer als Kur in Mode kam, trafen vereinzelt erste Städter aus Bayonne auf dem Muli ein. Der Aufstieg zum Seebad geht auf die spanische Comtesse **Eugénie de Montijo** und **Kaiser Napoleon III.** zurück, die 1853 ihre Flitterwochen in Biarritz verbrachten. Bald darauf avancierte der Ort zum Treffpunkt russischer Prinzen, belgischer und portugiesischer Könige sowie britischer Lords, es entstanden Golfplatz und Pferderennbahn. Auch im 20. Jh. gaben sich die **oberen zehntausend** in Biarritz ein Stelldichein. Farouk von Ägypten, Aga Khan oder Frank Sinatra – alle waren hingerissen von dem Naturschauspiel des Meeres und den Festen der mondänen Gesellschaft.

In den letzten Jahrzehnten hat sich das Publikum gewandelt: Surfer, Golfspieler und Kurgäste suchen das ›Seebad der Könige‹ auf. Rund ein Drittel der Biarrots sind heute französische Pensionäre, die hier ihre Zweitwohnsitze haben. Als Kontrapunkt setzt die Stadtverwaltung auf große internationale **Sportereignisse**. So findet jährlich Mitte Juli an der Plage des Basques das *Biarritz Surf Festival* statt, mit etwa 150 000 Besuchern das größte Ereignis seiner Art in Europa.

Besichtigung Den schönsten Blick über Stadt, Meer und Küste bis zu den Gipfeln der Pyrenäen genießt man von dem 44 m hohen Leuchtturm **Phare de la Pointe St-Martin** ❶ (Juli/Aug. tgl. 10–12 und 14–19 Uhr, sonst im Tourismusbüro erfragen) auf dem gleichnamigen Felsvorsprung im Norden der Stadt. Südlich davon gibt die Steilküste die schöne hellsandige **Plage Miramar** ❷ frei. Da bei Flut das Meer den hiesigen Fels immer weiter aushöhlt, mussten einige Villen am oberen Rand der Klippe wegen Absturzgefahr aufgegeben werden.

Euskaldunak – die baskisch sprechen

Das Land der Basken ist zweigeteilt: Rund 230 000 Basken leben in Frankreich, knapp zehnmal mehr in Spanien, und doch fühlen sie sich als eine Nation. Römische Quellen aus dem 3. Jh. n. Chr. erwähnen erstmals die Vascones, aber niemand weiß, woher dieses später Basken genannte Volk stammt. Sicher ist nur, dass es nicht zu den Indogermanen zählt. Die Sprache gibt nur bedingt Aufschluss: Sie besteht aus etwa 1 000 000 Wörtern, hat 12 Fälle und eine komplizierte Konjugation. Baskisch (Euskal) ist eine isolierte, vor-indogermanische Sprache mit vielen Dialekten. Erst 1968/69 wurde ein ›Einheits-Baskisch‹ ausgearbeitet, eine Art baskische Hochsprache, um die vielen Dialekte unter einen Hut zu bringen. Seit 1983 ist es eine Pflichtsprache an den Schulen. Gut ein Drittel der Bevölkerung des Baskenlandes spricht heute baskisch, Tendenz steigend.

4 + 3 = 1, **Zaspiakbat**, so lautet die Devise der Nationalisten, was meint: Lasst uns die vier spanischen und drei französischen Provinzen zu einem Land vereinen. Nur ein kleiner Teil der Bevölkerung unterstützt jedoch diese extreme Forderung, die die baskische Separatistenorganisation ETA, **Euskadi Ta Askatasuna** (Baskenland und Freiheit), auch mit Hilfe von Attentaten durchzusetzen versuchte, wobei das französische Baskenland aber eher als Rückzugsgebiet diente. Am 22. März 2006 hat die ETA eine dauerhafte Waffenruhe angegündigt, sie wolle ihre Ziele auf friedlichem Wege weiter verfolgen. Dieser Schritt wurde von den demokratischen Parteien Spaniens begrüßt. Ein Rest von Misstrauen bleibt jedoch bestehen.

Wilde Felsen rahmen auch den anschließenden, makellos feinen Sandstrand **Grande Plage** ❸. Darüber thront das luxuriöse **Hôtel du Palais** ❹. Es ist der 1903 abgebrannten Villa Eugénie nachempfunden, die Napoleon III. 1854 an dieser Stelle als Sommerresidenz für seine Gemahlin errichten ließ. Der Grundriss der Anlage ist E-förmig. Gegenüber erinnert die 1892 eingeweihte orthodoxe

Kleine Cafés und Bistros laden am heimeligen Port de Pêcheurs zu einer Rast ein

Kirche **St-Alexandre-Newsky** ❺ mit ihren beiden Kuppeln an frühere Gäste aus dem Hochadel des zaristischen Russland.

Über die Stadtgeschichte und die Zeit Napoleons III. und Kaiserin Eugénies informiert das **Musée Historique de Biarritz** ❻ (rue Broquedis, Tel. 05 59 24 86 28, Di–Sa 10–12.30 und 14–18.30 Uhr) in der ehem. anglikanischen Kirche St-Andrews. Es stellt Gemälde, Kleidung, Gerätschaften und Dokumente aus.

Wieder zurück am Meer, auf Höhe des städtischen **Casino** ❼, sieht man von der Uferpromenade **Boulevard du Maréchal Leclerc** ❽, wie gischtend die Brandung an den im Meer verstreuten Felsen bricht. Trotzdem tummeln sich auf dem Wasser geschickte Wellenreiter. Auf der Fußgängern vorbehaltenen Promenade erreicht man jenseits des markanten Felsens *Rocher du Basta* den winzigen und deshalb so romantischen Hafen **Port des Pêcheurs** ❾, in dem bunte Boote vertäut sind und der von Fischbistros gesäumt ist. Der Hafen wird im Süden von dem ausgedehnten Platz **Plateau d'Atalaye** ❿ überragt, benannt nach einem Leuchtturm des 18. Jh. Von dort hielten im Mittelalter Späher Ausschau nach Walen und signalisierten den Schiffen ihre Entdeckung mit Rauchzeichen.

Vor der nordwestlichen Landspitze der Altstadt **Vieux Biarritz** ⓫ ragt der berühmte **Rocher de la Vièrge** ⓬ weit in den Atlantik hinein, auf seiner Spitze trägt er eine Madonnenstatue (1864) aus weißem Stein. Man erreicht den vom Ozean umtosten Felsen über einen schmalen, gesicherten Steg. Von hier aus hat man einen guten Blick über die zerklüftete Steilküste und die Pyrenäen. Das **Musée de la Mer** ⓭ (plateau de l'Atalaye, Tel. 05 59 22 33 34, www.museedelamer.fr, Juli/Aug. tgl. 9.30–24 Uhr, Juni, Sept. tgl. 9.30–19 Uhr, Okt.–März Di–So 9.30–12.30 und 14–18 Uhr) direkt gegenüber auf dem felsigen Festland wartet mit mehreren Aquarien auf, in denen man vom Tintenfisch bis zur Wasserschildkröte die verschiedensten Lebewesen des Meeres studieren kann. Die Haie und Robben in zwei Etagen hohen gläsernen Becken erwecken stets besonderes Interesse. Außerdem erfährt man z. B., wie eine Woge entsteht oder wann das Wellenreiten von Melanesien nach Europa kam.

Nur ein paar Schritte sind es nach Süden zur eher kleinen **Plage du Port-Vieux** ⓮ in einer tief eingeschnittenen Bucht, die bis ins 18. Jh. den Walfängern als Basis diente. Der 50 x 50 m große Sandstrand fällt seicht ins Wasser ab. Mehr Platz hat man an der **Plage de la Côte des Basques** ⓯, die sich südlich nach einer felsigen Landnase über mehr als 1 km erstreckt. Der bei Ebbe 300 m breite und bei Flut überspülte Strand wird gern von Surfern besucht.

Geht man ein Stück die Côte des Basques hinunter, so ist bald das **Musée du Chocolat** 16 (14, avenue Beau Rivage, Tel. 05 59 42 54 64, www.lemuseeduchocolat.com, Juli/Aug. tgl. 10–13 und 14.30–19 Uhr, sonst Mo–Sa 10–12 und 14.30–18 Uhr) erreicht. Hier kann man die Kunst der Schokoladenherstellung bewundern, die in fein gearbeiteten, bis zu 70 cm hohen Skulpturen aus weißer und dunkler Schokolade gipfelt.

Praktische Hinweise

Information
Biarritz Tourisme, 1, square d'Ixelles, Biarritz, Tel. 05 59 22 37 00, Fax 05 59 24 14 19, www.biarritz.fr

Hotels
*****Hôtel du Palais**, 1, avenue de l'Impératrice, Biarritz, Tel. 05 59 41 64 00, Fax 05 59 41 67 99, www.hotel-du-palais.com. Das Luxushotel entstand Anfang des 20. Jh. in wunderbarer Lage oberhalb der Grande Plage an Aufwendig ausgestattete Zimmern und Suiten. Anbei ein Gourmet-Restaurant im Stil der Belle Époque.

***Florida**, 5, place Ste-Eugénie, Biarritz, Tel. 05 59 24 01 76, Fax 05 59 24 36 54,

Pelote – Nationalsport der Basken

Mit großer Leidenschaft frönen Basken der **Pelote**, einem schnellen Ballspiel, das dem Squash ähnelt. Man spielt es zu zweit oder zu viert in mehreren Varianten, am häufigsten mit dem Holzschläger **Pala**, aber auch mit der **Chistera**, einem schaufelförmigen Handschuh aus Weidengeflecht, oder **à main nue**, mit der bloßen Hand. Als Ball dient eine lederüberzogene Hartgummikugel von der Größe eines Tennisballs, 87–130 g schwer. Sie wird gegen die geschwungene Frontonwand geprellt, die das Zentrum eines jeden baskischen Dorfes bildet. Gekämpft wird auch auf dem **Jai alai**, einem links von einer zusätzlichen Mauer begrenzten Platz oder in der Halle, **Trinquet**.

www.hotel-florida-biarritz.com. Zentral gelegenes Haus mit großer Terrasse an einem sehr schönen, autofreien Platz.

Restaurants
Bar Jean, 5, rue des Halles, Biarritz, Tel. 05 59 24 80 38. Tapas-Bar und spanisches Speiselokal mit viel Lokalkolorit.

Auf den Spuren Napoleons III. und Eugénies wandelt man im Hôtel du Palais, auch wenn dort vor rund 150 Jahren noch kein Swimmingpool zum Abtauchen lockte

Café de Paris, 5, place Bellevue, Biarritz, Tel. 05 59 24 19 53. Restaurant und Brasserie zählen zu den besten Adressen der baskischen Küste, z. B. wegen des hellen gegrillten Seelachses auf Gemüsebett.

Vivier des Halles, 8, rue du Centre, Biarritz, Tel. 05 59 24 58 57. Liebhaber von Fisch und Meeresfrüchten lassen es sich hier schmecken (Mo geschl.).

42 St-Jean-de-Luz

Traditionsreicher Hafen mit charmanter Altstadt und fast runder Badebucht.

Das Küstenstädtchen präsentiert sich als Urlaubsort par excellence, mit wunderschön geschwungener Bucht, autofreier Uferpromenade, intaktem Ortskern mit regionaltypischen weiß-roten Fachwerkhäusern (17. Jh.), pittoreskem Fischerhafen, interessanter Geschichte und im Hinterland den reizvollen Pyrenäen.

Geschichte Am 9. Juni 1660 trat St-Jean-de-Luz ins Rampenlicht der Weltgeschichte, als hier der junge französische König Louis XIV. und die spanische Infantin Maria Theresa heirateten und damit den langen Krieg zwischen ihren Ländern beendeten. Bedeutend war die Stadt zwar schon seit dem frühen Mittelalter, damals allerdings als Fischerei- und Walfanghafen. Im 17./18. Jh. brachten Kabeljaufang und Korsarentum [vgl. S. 109] der Stadt Wohlstand. An diese Zeiten erinnern die prächtigen Reederhäuser entlang der Kais. Heute ist der Hafen Sitz einer Fangflotte für Sardinen und Thunfisch.

Besichtigung St-Jean-de-Luz liegt an einer geschützten, fast geschlossenen Bucht, in der das Flüsschen Nivelle ins Meer mündet. Einen angenehmen Auftakt zur Erkundung des 13 000 Einwohner zählenden Städtchens ermöglicht die **Place Louis XIV**, an der zu jeder Tageszeit buntes Treiben herrscht. Mit Blick auf die Hafenanlagen kann man dort im Schatten von Platanen in einem der zahlreichen Cafés einen *Café au lait* oder *Izarra* (baskischen Kräuterschnaps) trinken. Im Süden wird der Platz mit dem zierlichen Musikpavillon vom *Hôtel de Ville* (1635) begrenzt und der daneben liegenden **Maison Louis XIV.** (place Louis XIV, Tel. 05 59 26 01 56, Juli/Aug. tgl. 10.30–12 und 14.30–18.30, Juni und Sept. bis 17.30 Uhr). Letzteres ist ein repräsentatives, von Ecktürmchen flankiertes Stadtpalais, das sich der wohlhabende Reeder Johannis de Lohobiague 1643 erbauen ließ. In diesem Haus hielt 1660 der 22-jährige König Louis XIV. 40 Tage lang Hof, bevor er die Tochter des spanischen Königs Felipe IV. ehelichte. Salon, Schlafzimmer, Speisezimmer und Küche können besichtigt werden.

Ein paar Schritte entfernt im ebenfalls stattlichen Palais des Reeders Haraneder wartete damals die spanische Prinzessin auf die Hochzeit. Der italienisch anmutende Palazzo mit den beiden Ecktürmen wird seitdem **Maison de l'Infante** (quai de l'Infante, Mitte Juni–Sept. tgl. 10–12 und 14–18 Uhr) genannt. Es dominiert die Nordseite des **Port des Pêcheurs**, der durch einen schmalen Kanal mit der Bucht verbunden ist. Gut geschützt in der Nivellemündung, wird der Binnenhafen noch heute von Thunfisch- und Sardinenfischern gern genutzt.

Etwa 300 m stadteinwärts fand 1660 in der **Église St-Jean-Baptiste** die königliche Hochzeit statt. Das rechte Seitenportal, durch welches das Paar

Prächtige Sommerhäuser des 19. Jh. zieren die Strandpromenade von St-Jean-de-Luz

42 St-Jean-de-Luz

Den würdigen Rahmen für eine Königshochzeit bot St-Jean-Baptiste schon 1660, als sich in dieser Kirche Louis XIV. und Maria Theresa das Jawort gaben

die Kirche betrat, wurde einige Jahre später zugemauert. Die äußerlich schlichte, fast wehrhaft wirkende Kirche überrascht durch den großzügigen Innenraum, der von einem Tonnengewölbe überspannt wird. Sehenswert sind der hochbarocke, vergoldete Altaraufsatz und die Orgel (beide 17. Jh.), die schon zur Königshochzeit gespielt wurde. Charakteristisch für baskische Kirchen sind die dreistöckigen Emporen aus gedrechseltem Eichenholz im Langhaus, auf denen früher nur Männer Platz nehmen durften.

Um die Kirche laden enge **Altstadtgassen** zum Bummeln ein, die Auslagen locken mit Mandelmakronen, Marzipan,

Fruchtpasteten, Schokoladentrüffeln, *Gâteau basque* oder hübschen Leinenstoffen. Lebhafter Handel, u. a. mit Lebensmitteln, duftenden Gewürzen und Kräutern, Honig, Bayonner Schinken und baskischem Käse, entfaltet sich Dienstag- und Freitagvormittag um die Markthalle am Boulevard Victor-Hugo.

Ausflug

Westlich des Hafenbeckens, hier mit kleinem Jachthafen, liegt am jenseitigen Ufer der Nivelle das stillere Städtchen **Ciboure** (6200 Einw.). Hier wurde 1875 der Komponist *Maurice Ravel* († 1937) geboren und verbrachte am Quai de la Nivelle Nr. 12 seine ersten drei Lebensjahre. Am Südwestende der Bucht wacht das trutzige **Fort Socoa**, das Ende des 16. Jh. erbaut und von Vauban verstärkt worden war. Es dient heute dem Segel-, Wellenreit- und Windsurfclub als Vereinsheim.

Praktische Hinweise

Information

Office de Tourisme, place Maréchal Foch, St-Jean-de-Luz, Tel. 05 59 26 03 16, Fax 05 59 26 21 47, www.saint-jean-de-luz.com

Hotels

******Parc Victoria**, 5, rue Cepé, St-Jean-de-Luz, Tel. 05 59 26 78 78, Fax 05 59 26 78 08, www.parcvictoria.com. Elegantes Hotel in einem Palais des 19. Jh. mit exquisitem Restaurant.

*****Château d'Urtubie**, Urrugne (3 km südwestlich von St-Jean-de-Luz), Tel. 05 59 54 31 15, Fax 05 59 54 62 51, www.chateaudurtubie.fr. Stilvolle Gastzimmer in dem seit 1341 in Familienbesitz befindlichen Schloss.

*****La Réserve**, Rond Point de Ste-Barbe, St-Jean-de-Luz, Tel. 05 59 51 32 00, Fax 05 59 51 32 01, www.hotel-lareserve.fr. Gepflegtes Hotel in schöner Lage am Meer.

Confiserie

Maison Adam, 6, place Louis XIV., St-Jean-de-Luz, Tel. 05 59 26 03 54. Traditionsreiche Konditorei, die süße *Macarons* herstellt, wie sie schon Louis XIV. zu seiner Hochzeit backen ließ.

Restaurants

Arrantzaleak, chemin du Halage, Ciboure, Tel. 05 59 47 10 75. Fangfrisch bezieht der Patron die Fische, für deren feine Zubereitung das Lokal bekannt ist.

Jachten und Fischerboote teilen sich den Hafen von St-Jean-de-Luz, den attraktive Ferienwohnungen und schöne Villen im Halbrund umschließen

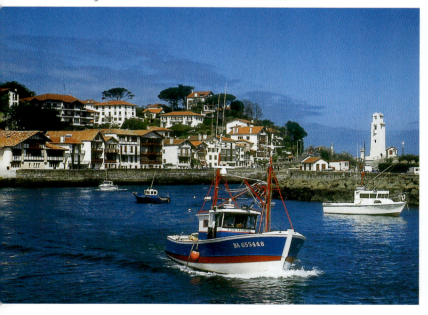

Großzügige Fachwerkhäuser, gepflegte Blumenrabatten – die Strandpromenade des meist sonnenverwöhnten Ferienortes Hendaye strahlt gediegenen Wohlstand aus

Chez Maya, 2, rue St-Jacques, St-Jean-de-Luz, Tel. 05 59 26 80 76. In dem guten Restaurant serviert man leckere baskische Gerichte wie *Chipirons à l'encre* (Tintenfisch) oder *Baudroie luzienne* (Seeteufel).

43 Hendaye

Seebad und Grenzstadt.

14 km windet sich die wundervolle **Corniche Basque** (D 912) von St-Jean-de-Luz südwestlich entlang der Küste nach Hendaye. Die kurvenreiche Panoramastraße erlaubt immer wieder atemberaubende Ausblicke, einerseits auf das wild an die Felsenküste anbrandende Meer, andererseits auf die wie verzaubert wirkende Berglandschaft der Pyrenäen, die zunächst noch als grüne Hügel, gleich dahinter jedoch schon als dunkle Berge den südlichen und östlichen Horizont begrenzen.

In faszinierender Lage thront am nördlichen Ortsrand von Hendaye auf einem Felsen das skurrile Schloss **Château d'Abbadie** (route de la Corniche, Tel. 05 59 20 04 51, www.academie-sciences.fr/abbadia.htm, Führungen Juni–Sept. Mo–Fr 10–11.30 und 14–18, Besuch ohne Führung Mo–Fr 12.30–14 Uhr, Sa/So 14–18 Uhr, Febr.–Mai, Okt–Mitte Dez. Führungen Di–Sa 14–17.30 Uhr), das sich der vielgereiste Wissenschaftler Antoine d'Abbadie (1810–1897) von Viollet-le-Duc bauen ließ. Abbadie hatte u. a. Brasilien und Ägypten besucht und 12 Jahre am Hof des Kaisers von Äthiopien verbracht. Skulpturen von Elefanten und anderen exotischen Tieren schmücken das äußerlich neogotisch anmutende Schloss. Sogar eine Sternwarte hatte sich der Forscher einrichten lassen.

Hendaye selbst, das südlichste Seebad der französischen Atlantikküste, besteht aus drei Stadtteilen. Sie liegen am Nordufer der Bidassoa, die in ihrem Unterlauf die Grenze zwischen Spanien und Frankreich bildet. Der Ortsteil **Hendaye-Plage** am Meer ist dank seines 3 km langen, superben Sandstrandes ein beliebter Badeort mit reichlich Wassersportmöglichkeiten, Jachthafen und einer breiten Uferpromenade, an der das Gebäude des maurisch geprägten *Casino* auffällt. Über der Mündung der Bidassoa liegt etwas erhöht das betriebsame Stadtzentrum **Hendaye-Ville**. Den dritten Stadtteil mit Zollgebäuden, Containern und Rangiergleisen bildet **Hendaye-Gare** unmittelbar am Fluss. Am hiesigen Bahnhof traf sich im Oktober 1940 Adolf Hitler mit dem spanischen Diktator Francisco Franco, um diesen zum Kriegseintritt zu bewegen, was ihm jedoch nicht gelang.

Hendaye

ℹ Praktische Hinweise

Information
Office de Tourisme, 12, rue des Aubépines, Hendaye-Plage, Tel. 05 59 20 00 34, Fax 05 59 20 79 17, www.hendaye.com

Hotel
***Serge Blanco**, 125, boulevard de la Mer, Hendaye, Tel. 05 59 51 35 35, Fax 05 59 51 36 00, www.thalassoblanco.com. Elegantes Hotel mit Thalassotherapiezentrum gegenüber dem Jachthafen.

44 Labourd

Tradition und gesetzter Wohlstand.

Ein dichtes Netz gut ausgebauter Straßen durchzieht das sanfte grünhügelige **Pyrenäenvorland** des Labourd, der nordwestlichsten der drei französischen und vier spanischen Provinzen, die gemeinsam das Baskenland bilden. Die weißen labourdinischen Häuser und schmucken Gehöfte mit geometrischen Ornamenten an Türstürzen und Fensterläden in den Regionalfarben Rot und Grün wurden zum Synonym für baskischen Baustil.

Sehr bekannt und entsprechend touristisch ist das küstennahe Dorf **Ascain**, das sich an die sanft auslaufenden grünen Hänge der Rhune schmiegt und in seiner Struktur stellvertretend für viele baskische Dörfer steht: Das Zentrum bilden der Hauptplatz mit dem Fronton, auf dem Pelote gespielt wird, und die schlichte Kirche aus dem 17./18. Jh. mit Holzgalerien im Innern und einem mächtigen, viereckigen Glockenturm. Darum gruppieren sich propere labourdinische Häuser.

Die Nähe zum 900 m hohen **Rhune** direkt an der französisch-spanischen Grenze macht den Ausflug nach Ascain besonders interessant. Vom Ort aus erreicht man die wiesenbedeckte Kuppe in einer einfachen Wanderung von ca. 3 Std. Länge. Häufig kann man unterwegs *Pottoks* beobachten, robuste baskische Wildponies. Vom Pass *Col de St-Ignace* führt auch die Zahnradbahn *Petit Train de la Rhune* (Tel. 08 92 39 14 25, www.rhune.com, Juli/Aug. tgl. 8.30–15 Uhr, Mitte März–Anfang Nov. tgl. 10–15 Uhr, Okt. Mo, Di geschl.) in einer guten halben Stunde auf den Gipfel, von dem man bei klarem Wetter sogar die Kiefernwälder des Landes sieht.

 Ein architektonisches Juwel ist das Dörfchen **Ainhoa** nahe der spanischen Grenze. Es ging aus einer im

Beim Aufstieg auf die Rhune können müde Wanderer zumindest streckenweise ihre Kräfte schonen, denn die Bergbahn bringt sie ab der Col St-Ignace bequem auf den Gipfel

13. Jh. gegründeten Bastide hervor, die sich dank ihrer Lage an dem Handelsweg von Bayonne nach Pamplona zu einem wohlhabenden Ort entwickelte. Bemerkenswert sind die mit Inschriften zur Familien- bzw. Hausgeschichte versehenen Türstürze der prächtigen, weiß-roten Häuser wie z. B. an der *Maison Gorritia* 100 m von der **Kirche** entfernt. Letztere besitzt einen unten viereckigen, dann achteckigen Glockenturm. Im Innern wölbt sich über einer schön geschnitzten zweistöckigen Galerie und einem vergoldeten Altaraufsatz die blau-goldene Kuppel.

Als Dorf des Piment ist **Espelette** in ganz Frankreich bekannt. Ende Oktober wird hier die *Fête du Piment* gefeiert, ein Volksfest zu Ehren der roten scharfen Peperoni, die im Herbst in Girlanden an den Hauswänden zum Trocknen hängen. Piments sind grundlegender Bestandteil der baskischen Küche. Grün werden sie im Omelett verwendet, gehackt oder zerrieben würzen sie viele Gerichte. Reif, rot und sehr scharf geworden, werden sie getrocknet, zu Pulver gemahlen und ersetzen auf wohlschmeckende Weise den Pfeffer.

Praktische Hinweise

Information
Office de Tourisme,
rue Ernest Fourneau, Ascain,
Tel. 05 59 54 00 84, Fax 05 59 54 68 35,
www.ascain-tourisme.fr

Hotels
***Argi Eder**, route de la Chapelle-de-Notre-Dame-de-l'Aubépine, Ainhoa, Tel. 05 59 93 72 00, Fax 05 59 93 72 13, www.argi-eder.com. Die Zimmer in dieser modernen Villa bieten einen schönen Bergblick.

***Ithurria**, place du Fronton, Ainhoa, Tel. 05 59 29 92 11, Fax 05 59 29 81 28, www.ithurria.com. Baskisches Haus (17. Jh.) an der Dorfstraße, das einst Jakobspilger beherbergte. Hübscher Garten, Swimmingpool.

Restaurant
Euzkadi, rue Principale, Espelette, Tel. 05 59 93 91 88. Das Hotel-Restaurant ist für seine ausgezeichnete Küche bekannt, die die Zubereitung baskischer Spezialitäten wie *Axoa* (Kalbsfrikassee) oder *Tripoxa* (Blutwurst) zelebriert (Mo, Di geschl.).

Signalfarbe – aufgereiht schmücken die leuchtend roten, höllisch scharfen Piments im Herbst jedes Haus in Espelette

45 Cambo-les-Bains

Künstler-Treffpunkt der Belle Époque.

Das freundliche Heilbad Cambo-les-Bains (5000 Einw.) besteht aus zwei Stadtteilen: Der alte Kern **Bas-Cambo** mit baskischen Häusern und der reizenden kleinen *Place du Fronton* liegt unmittelbar am südlichen Ufer der Nive. Haut-Cambo, auf einem 50 m hohen Plateau über dem Flüsschen, strahlt behagliche Kurbadatmosphäre aus. Hier entspringen in einem südöstlich gelegenen Park auch die 22°C warmen, schwefel- und eisenhaltigen Quellen, für die Cambo seit dem 16. Jh. berühmt ist.

International bekannt wurde Cambo durch den Theaterautor **Edmond Rostand** (1868–1918), der um die Jahrhundertwende in den Thermalkurort kam, um eine Rippenfellentzündung auszukurieren, und dort blieb. Seine 1897 uraufgeführte Komödie *Cyrano de Bergerac* war so erfolgreich, dass er 1903 mit nur 33 Jahren als jüngstes Mitglied aller Zeiten in die Académie Française aufgenommen wurde. Im gleichen Jahr ließ er

45 Cambo-les-Bains

in seiner Wahlheimat westlich von Cambo auf einem Hügel die prächtige **Villa Arnaga** im neobaskischen Stil mit 40 Zimmern erbauen, das heutige **Musée Edmond Rostand** (April–Sept. tgl. 10–12.30 und 14.30–19 Uhr, Juli/Aug. durchgehend, Okt. 14.30–18 Uhr). Die schönen Gartenanlagen entwarf der Dichter selbst in Anlehnung an klassische französische Gärten. Die Inneneinrichtung zeigt luxuriöses Stilgemisch: Das Arbeitszimmer präsentiert sich im Empirestil, das Esszimmer im Stil Louis XVI., chinesisch das Rauchzimmer. Die mit Fresken dekorierte Empfangshalle diente auch als Bühne, Festsaal und Treffpunkt illustrer Gäste der Belle Époque wie Sarah Bernhardt, Gabriele d'Annunzio oder Pierre Loti.

Gute 10 km östlich liegen die **Grottes d'Isturits et d'Oxocelhaya** (Juli/Aug. tgl. 10–18 Uhr, sonst eingeschränkte Öffnungszeiten). Die beiden mehr als 20 m hohen Höhlen wurden nach ihrer Entdeckung 1930 durch eine Treppe verbunden und bergen bizarre Tropfsteinformationen sowie einige prähistorische Felsbilder und -ritzungen.

Praktische Hinweise

Information

Office de Tourisme,
avenue de la Mairie, Cambo-les-Bains,
Tel. 05 59 29 70 25, Fax 05 59 29 90 77,
www.cambolesbains.com

Hotel

**Auberge Tante Ursule, place du Fronton, Cambo-les-Bains, Tel. 05 59 29 78 23, Fax 05 59 29 28 57. Gutes Hotel im landestypischen Stil mit Fachwerk.

46 St-Jean-Pied-de-Port

Zeitlos schöner historischer Pilgerort am Fuß des Passes von Roncevaux.

Teilweise mit Holzbalkonen versehene Stein- und Fachwerkhäuser ziehen sich vom Ufer der Nive einen Hügel hinauf bis zur alles überragenden Festung. Seit Jahrhunderten zieht das hübsche St-Jean-Pied-de-Port (2000 Einw.), umgeben von wiesen- und baumgrünen Bergen, die Menschen an, seit dem Mittelalter Jakobspilger, heute auch Touristen. In dem Städtchen liefen die drei großen **Pilgerwege** durch Frankreich nach Santiago de Compostela zusammen. St-Jean-Pied-de-Port (St.-Johannes-zu-Füßen-des-Passes) war die letzte Etappenstation vor dem Pyrenäenübergang am *Col d'Ibaneta* und dem Abstieg zum Kloster Roncevaux auf spanischer Seite. Dort hatten übrigens Basken im 8. Jh. eine Abteilung fränkischer Soldaten unter Führung von Roland, einem Neffen Karls des Großen, aufgerieben, eine Schlacht, die in dem berühmten *Rolandslied* literarisch verarbeitet wurde.

Eine Wehrmauer umgibt noch heute den alten Stadtkern unterhalb der **Citadelle**, deren Ursprünge auf den Beginn des 13. Jh. zurückgehen. Vauban ließ sie 1668 ausbauen. In der für Touristen nicht zugänglichen, 600 x 150 m großen Anlage ist heute ein Collège untergebracht. Wegen des schönen **Ausblicks** auf das Nivetal, die umliegenden Berge und die sich unterhalb ausbreitende Stadt lohnt der Aufstieg aber trotzdem.

Am besten erlebt man die friedliche Atmosphäre von St-Jean-Pied-de-Port frühmorgens, ehe der starke Touristenstrom einsetzt. Über die von Häusern aus dem 18. Jh. gesäumte *Rue d'Espagne* gelangt man zur einbogigen Steinbrücke **Pont Notre-Dame** über die Nive, in deren klarem Wasser Forellen huschen. Von der Brücke blickt man auf die sich im Fluss spiegelnden, navarresischen Häuser. Am jenseitigen Ufer erhebt sich der vierecki-

Friedlich grasen Pferde und Schafe auf den Wiesen des baskischen Pyrenäenvorlandes, wo Weidewirtschaft groß geschrieben wird

St-Jean-Pied-de-Port

Vor allem von der Pont Notre-Dame aus gesehen sind die malerisch verschachtelten Häuser von St-Jean-Pied-de-Port an der Nive ein beliebtes Fotomotiv

ge Glockenturm, dessen Basis die **Porte Notre-Dame** ist, ein gut erhaltenes mittelalterliches Stadttor. Aus einer Nische des Turms schaut eine Statue der Jungfrau Maria.

Parallel zum Fluss schließt sich die gotische **Église Notre-Dame-du-Bout-du-Pont** (13./14. Jh.) an, deren fast karges Inneres den roten Sandstein ihrer Mauern schön zur Geltung bringt. Bei der Kirche beginnt die steile **Rue de la Citadelle**, die von schmucken Häusern (16./17. Jh.) aus ebenfalls rötlichem Sandstein gesäumt ist. Vielfach findet man in steinernen Türstürzen Baujahr, Namen der Besitzer oder religiöse Symbole eingemeißelt. Töpfer- und Kunsthandwerksläden haben sich hier angesiedelt und laden mit ihren Auslagen zum Bummeln ein.

Linker Hand liegt die **Prison des Évêques** von 1584. Der Name ›Gefängnis der Bischöfe‹ erinnert daran, dass St-Jean-Pied-de-Port auf Wunsch der Gegenpäpste von Avignon 1383–1417 bischöfliche Residenz war. Über die frühere Nutzung des großen einstöckigen Gebäudes herrscht Unklarheit: Diente es tatsächlich als Gefängnis, als Lagerraum oder als Kirche? Heute jedenfalls beherbergt es eine interessante kleine *Ausstellung* (April–Okt. Mi–Mo 11–12.30 und 14.30–18.30) zu dem Phänomen der Jakobspilger.

Praktische Hinweise

Information

Office de Tourisme, 14, place Charles-de-Gaulle, St-Jean-Pied-de-Port, Tel. 05 59 37 03 57, Fax 05 59 37 34 91, www.terre-basque.com

Hotel

**Central, 1, place Charles-de-Gaulle, St-Jean-Pied-de-Port, Tel. 05 59 37 00 22, Fax 05 59 37 27 79. Einige Zimmer bieten einen schönen Ausblick auf den Fluss. Außerdem gibt es eine Terrasse.

Restaurant

Les Pyrénées, 19, place Charles-de-Gaulle, St-Jean-Pied-de-Port, Tel. 05 59 37 01 01, Fax 05 59 37 18 97, www.hotel-les-pyrenees.com. Eine der besten Adressen im Baskenland. Der Guide Michelin verlieh dem eleganten Restaurant einen Stern, u. a. für die köstliche Entenstopfleber und den frischen Adourlachs.

ADAC REISEN Urlaub mobil
Urlaubsvielfalt Atlantikküste

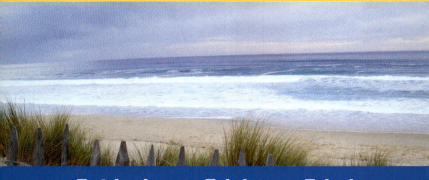

Entdecken – Erleben – Erholen

Ob baden, wandern, relaxen, campen, Natur entdecken oder Kultur erleben,
in unseren Katalogen finden Sie viele Ideen und Angebote für Ihren nächsten Urlaub!

Frankreich – Ile d'Oléron/Hotel Ile de Lumière ♦♦◇
Kleines Ferienhotel direkt am Meer. 7 Nächte inkl. Frühstück
pro Person im DZ   ab   € 225

Zudem bieten wir viele attraktive Specials wie:
- Sparangebote für Kurz- und Langaufenthalte
- Zahlreiche Familienangebote
- Zusätzlicher Vorteil: kostenloser Premio-Urlaubs-Check für Ihren Pkw inklusive

Kataloge, Beratung und Buchung
in Ihrem ADAC Reisebüro

ADAC Reisen

Mit Sicherheit
mehr vom Urlaub

Französische Atlantikküste aktuell A bis Z

■ Vor Reiseantritt

ADAC Info-Service:
Tel. 018 05/10 11 12, Fax 018 05/30 29 28
(0,14 €/Min.)

ADAC im Internet:
www.adac.de
www.adac.de/reisefuehrer

Informationen und Prospekte erhält man beim Französischen Fremdenverkehrsamt, **Maison de la France**, www.franceguide.com

Deutschland
Postfach 10 01 28, 60001 Frankfurt/Main
Zeppelinallee 37, 60325 Frankfurt/Main,
Tel. 090 01/57 00 25, Fax 090 01/59 90 61
(jeweils 0,49 €/Min.),
info.de@franceguide.com

Österreich
Lugeck 1–2 , Stg. 1, Top 7, 1040 Wien,
Tel. 09 00/25 00 15, Fax 01/503 28 72
(gebührenpflichtig),
info.at@franceguide.com

Schweiz
Rennweg 42, Postfach 7226, 8023 Zürich,
Tel. 04 42 17 46 00, Fax 04 42 17 46 17,
info.zrh@franceguide.com

■ Allgemeine Informationen

Reisedokumente

Für Reisende aus Deutschland, Österreich und der Schweiz genügt ein gültiger Personalausweis oder Reisepass, für Kinder unter 16 Jahren ein Kinderausweis oder Eintrag im Elternausweis.

Kfz-Papiere

Führerschein und Zulassungsbescheinigung Teil 1 (vormals Fahrzeugschein). Bei Unfällen wird die Internationale Grüne Versicherungskarte verlangt. Es empfiehlt sich, eine Kurzkasko- und Insassenversicherung abzuschließen.

Krankenversicherung und Impfungen

Seit dem 1. Januar 2006 ist die Europäische Krankenversicherungskarte in die übliche Versicherungskarte integriert. Sie wird in ganz EU-Europa anerkannt und garantiert die medizinische Versorgung. Sicherheitshalber empfiehlt sich jedoch der Abschluss einer zusätzlichen Reisekranken- und Rückholversicherung.

Hunde und Katzen

Für Hunde und Katzen ist bei Reisen innerhalb der EU ein gültiger, vom Tierarzt ausgestellter EU Heimtierausweis vorgeschrieben, ebenso Kennzeichnung durch Mikrochip oder Tätowierung. Bis zum Jahr 2011 gelten Übergangsregelungen.

Geld

Die gängigen *Kreditkarten* werden in Banken, Hotels und zahlreichen Geschäften akzeptiert. An *Geldautomaten* kann man mit einer Maestro/EC-Karte rund um die Uhr Geld abheben.

Zollbestimmungen

Zwischen **EU-Ländern** ist der Reisebedarf für den persönlichen Gebrauch abgabenfrei. Obergrenzen sind: 10 l Spirituosen, 90 l Wein, davon 60 l Schaumwein, ferner 800 Zigaretten, 400 Zigarillos oder 200 Zigarren.

Für Reisende aus **Nicht-EU-Ländern** gelten als Höchstmengen: 1 l Spirituosen, 2 l Wein, 200 Zigaretten, 100 Zigarillos oder 50 Zigarren.

Tourismusämter im Land
Aquitanien
Comité régional du tourisme,
Cité Mondiale, 23, parvis des Chartrons, 33074 Bordeaux,
Tel. 05 56 01 70 00, Fax 05 56 01 70 07,
www.tourisme-aquitaine.fr

Allgemeine Informationen – Anreise

Bordelais
Comité départemental du tourisme, 21, cours de l'Intendance, 33000 Bordeaux, Tel. 05 56 52 61 40, Fax 05 56 81 09 99, www.tourisme-gironde.fr

Charente-Maritime
Comité départemental du tourisme de Charente-Maritime, 85, boulevard de la République, 17076 La Rochelle, Tel. 05 46 31 71 71, Fax 05 46 31 71 70, www.en-charente-maritime.com

Landes
Comité départemental des Landes, 4, rue Aristide Briand, 40000 Mont-de-Marsan, Tel. 05 58 06 89 89, Fax 05 58 06 90 90, www.tourismelandes.com

Pays basque
Comité départemental du tourisme Béarn, Pays basque, 22, ter, rue Jean-Jacques-de-Monaix, 64000 Pau, Tel. 05 59 30 01 30, Fax 05 59 02 52 75, www.tourisme64.com

Vendée
Comité départemental du tourisme, 8, place Napoléon, 85000 La Roche-sur-Yon, Tel. 02 51 47 88 20, Fax 02 51 05 37 01, www.vendee-tourisme.com

Vienne
Comité départemental du tourisme de la Vienne, B.P. 287, 33, place Charles de Gaulle, 86007 Poitiers, Tel. 05 49 37 48 48, Fax 05 49 37 48 49, www.tourisme-vienne.com

In den meisten Orten findet man ein **Office de Tourisme** oder **Syndicat d'Initiative**, in dem man Stadtpläne, Veranstaltungshinweise sowie Unterkunftsverzeichnisse bekommt und das in der Regel auch Zimmer vermittelt. Adressen, Telefon- und Faxnummern sind im Haupttext bei den jeweiligen Orten unter **Praktische Hinweise** angegeben.

Notrufnummern

Einheitlicher Notruf: Tel. 112 (EU-weit, auch mobil: Polizei, Unfallrettung, Feuerwehr)

Pannenhilfe auf Autobahnen über Notrufsäulen, oder:

AIT-Assistance: Tel. 08 00 08 92 22 (rund um die Uhr, auch deutsch, kostenpflichtig)

ADAC-Notrufstation:
Tel. 04 72 17 12 22 (rund um die Uhr)

ADAC-Notrufzentrale München:
Tel. 00 49/89/22 22 22 (rund um die Uhr)
ADAC-Ambulanzdienst München:
Tel. 00 49/89/76 76 76 (rund um die Uhr)
Österreichischer Automobil Motorrad und Touring Club
ÖAMTC Schutzbrief-Nothilfe:
Tel. 00 43/(0)1/2 51 20 00
Touring Club Schweiz
TCS Zentrale Hilfsstelle:
Tel. 00 41/(0) 224 17 22 20

Diplomatische Vertretungen

Deutsches Generalkonsulat, 337, boulevard du Président Wilson, 33200 Bordeaux, Tel. 05 56 17 12 22, Fax 05 56 42 32 65

Österreichisches Konsulat, 86, cours Balguerie-Stuttenberg, 33082 Bordeaux, Tel. 05 56 00 00 70, Fax 05 57 87 60 30

Schweizer Generalkonsulat, 14, cours Xaviers-Arnozan, 33080 Bordeaux, Tel. 05 56 52 18 65, Fax 05 56 44 08 65

Besondere Verkehrsbestimmungen

Tempolimits (in km/h): Für Pkw, Motorräder und Wohnmobile im Ortsbereich 50, auf Land- und Gemeindestraßen 90, auf Straßen mit zwei Fahrstreifen 110, auf Autobahnen 130 (bei Nässe jeweils 10, auf Autobahnen 20 km/h weniger). Wer seinen Führerschein weniger als zwei Jahre besitzt, darf auf Autobahnen höchstens 100 fahren, auf anderen Straßen außerhalb von Ortschaften höchstens 80. Bereits geringe Geschwindigkeitsüberschreitungen werden mit hohen Geldbußen geahndet.

Wohnmobile und *Anhänger* sind bis zu 2,5 m Breite und 12 m Länge zugelassen, Gespanne bis zu 18 m Länge.

Es besteht *Anschnallpflicht*. Bei Regen und Schnee ist für Pkws *Abblendlicht* vorgeschrieben, für Motorräder generell. Der *Kreisverkehr* hat stets Vorfahrt.

Gelbe Streifen am Fahrbahnrand bedeuten *Parkverbot*.

Die **Promillegrenze** liegt bei 0,5.

Anreise

Auto

Umfangreiches **Informations- und Kartenmaterial** können Mitglieder des ADAC in Deutschland kostenlos bei den ADAC-Geschäftsstellen oder unter Tel. 018 05/

Anreise – Bank, Post, Telefon

10 11 12 (0,14 €/Min.) anfordern. Im ADAC Verlag sind außerdem die LänderKarte *Frankreich* (1 : 800 000), der TravelAtlas *Frankreich* (1 : 400 000), der TravelAtlas *Europa* (1 : 750 000) erschienen.

Am bequemsten und schnellsten erreicht man die Region, wenn man bei Saarbrücken oder Straßburg auf die Autobahn A 4 nach Paris fährt. Von dort kommt man über den Umgehungsring auf die A 11 in Richtung Nantes, wenn man die nördliche **Vendée** zum Ziel hat, oder auf die A 10 Richtung Poitiers, wenn man in die Gegend um **La Rochelle** bzw. in den südlicheren Küstenbereich fahren möchte.

An allen Tankstellen erhält man bleifreies Benzin (*Essence sans plomb*), auch als Super, und Diesel (*Gazole*).

Bahn

Über Paris fährt man per TGV (*Train à Grande Vitesse*) nach **Nantes** sowie über Poitiers und La Rochelle nach **Bordeaux**. Für die Strecke Paris – Bordeaux braucht der TGV nur 3 Std.; Platzkarten sind unabdingbar.

Von Hamburg, Hannover, Köln und Neulsenburg bei Frankfurt/Main aus verkehren zwischen Mai und September **Autoreisezüge** nach Bordeaux und Nantes.

Anker werfen oder Leinen los – Skipper aus aller Welt nutzen den Hafen von La Rochelle

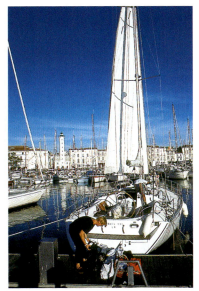

Fahrplanauskunft:

Deutschland
Deutsche Bahn, Tel. 118 61 (persönliche Auskunft, gebührenpflichtig),
Tel. 08 00/150 70 90 (sprachgesteuert, kostenlos), www.bahn.de

Deutsche Bahn AutoZug,
Tel. 018 05/24 12 24, www.autozug.de

Österreich
Österreichische Bundesbahn,
Tel. 05 17 17, www.oebb.at

Schweiz
Schweizerische Bundesbahnen,
Tel. 09 00 30 03 00, www.sbb.ch

Flugzeug

Bordeaux ist der wichtigste internationale Flughafen an der französischen Atlantikküste, Infos:

Aeroport de Bordeaux, Tel. 05 56 34 50 50, www.bordeaux.aeroport.fr

Kleinere Flughäfen befinden sich in Nantes, Pau und Biarritz, von überwiegend regionaler Bedeutung sind die Airports von Périgueux und La Rochelle.

Bank, Post, Telefon

Bank

Banken sind meist Mo–Fr 9–12 und 14–16.30 Uhr geöffnet. Manche Institute haben samstags geöffnet, schließen dafür aber montags.

Post

Meist Mo–Fr 9–19 Uhr, Sa 9–12 Uhr geöffnet. In kleineren Orten 12–14 Uhr Mittagspause und frühere Schließzeiten. Briefmarken (*Timbres*) werden auch in manchen Tabakläden (*Tabac*) verkauft.

Telefon

Die meisten Telefonzellen funktionieren mit Telefonkarten, *Télécartes,* erhältlich in Postämtern, Tabakläden und gekennzeichneten Verkaufsstellen.

Internationale Vorwahlen:
Frankreich 00 33
Deutschland 00 49
Österreich 00 43
Schweiz 00 41

Die französischen Telefonnummern sind zehnstellig. Bei Gesprächen vom Ausland nach Frankreich lässt man die 0 weg (= 00 33 + neunstellige Nummer).

Bank, Post, Telefon – Einkaufen – Essen und Trinken – Feste und Feiern

›Käse schließt den Magen‹ sagt man in Frankreich – und sorgt für reiche Auswahl

Die Benutzung handelsüblicher **Mobiltelefone** ist in ganz Frankreich möglich. Man sollte sich jedoch vor Reiseantritt über das günstigste Netz vor Ort informieren und das eigene Mobiltelefon entsprechend programmieren.

■ Einkaufen

Öffnungszeiten: Di–Sa 9–12 und 14–18 Uhr, größere Geschäfte Mo–Sa 9–18.30 Uhr, Einkaufszentren Mo–Sa 9–19 Uhr. Bäckereien, Lebensmittelgeschäfte und Supermärkte sind oft bis 22 Uhr und Sonntagvormittags geöffnet.

Manche **kulinarischen Köstlichkeiten** der Region lassen sich gut mit nach Hause nehmen, z. B. einige Flaschen Bordeaux-Wein, Cognac, *Pineau des Charentes* oder baskischer Kräuterlikör *Izarra*. Auch Gänseleber im Glas oder *Confit* (eingemachtes Entenfleisch) sind wohlschmeckende Erinnerungen.

Im Pays basque, z. B. in St-Jean-de-Luz [Nr. 42], kann man die echten, gut verarbeiteten **Espadrilles** kaufen oder schöne, farbenfroh gestreifte **Leinenstoffe**. Beliebte Souvenirs sind auch **Baskenmützen** oder für die Küche gemahlenes **Piment** aus Espelette [Nr. 44].

■ Essen und Trinken

In Frankreich hält man sich recht genau an bestimmte **Essenszeiten**. Das Frühstück ist relativ unbedeutend, mittags isst man 12–14 Uhr und abends 19–21 Uhr.

In einem **guten Lokal** ist es in Frankreich üblich, telefonisch einen Tisch zu reservieren. Der Kellner begleitet Gäste zum Tisch. Die meisten Restaurants bieten neben der Auswahl à la carte mehrere Menüs an. Normalerweise besteht ein solches aus Vorspeise, Fisch- oder Fleischgang, Käse, Obst oder Dessert. Je nach Preisniveau wird noch ein Zwischengericht eingeschoben. Zu einem guten Essen trinkt man Wein; möchte man nicht die Weinkarte konsultieren, bestellt man den *Vin de la Maison* (Hauswein), der in der Regel ordentlich und preiswert ist.

Die Frage »Getrennt oder zusammen?« stellt sich beim **Bezahlen** nicht! Man zahlt den Gesamtbetrag, es ist unüblich, die Rechnung einzeln aufteilen zu lassen.

Trinkgeld

Für Qualität und zuvorkommenden Service gibt man auch in Frankreich Trinkgeld, das nach dem Bezahlen auf dem Tisch zurückgelassen wird. Dies gilt auch, wenn *Bedienung* bereits im Preis inbegriffen und als ›s.c.‹ oder *Service compris* in der Karte ausgewiesen ist. Steht dort ›s.n.c.‹, *Service non compris*, wird ein Zuschlag von etwa 10% erhoben. Auch Zimmermädchen, Kofferträger und Taxifahrer erwarten eine finanzielle Anerkennung für gute Arbeit.

■ Feste und Feiern

Feiertage

1. Januar (Neujahr/*Nouvel An*), Ostermontag (*Lundi de Pâques*), 1. Mai (Tag der Arbeit/*Fête du Travail*), 8. Mai (Ende des Zweiten Weltkriegs/*Armistice 1945*), Christi Himmelfahrt (*Ascension*), Pfingstmontag (*Lundi de la Pentecôte*), 14. Juli (Nationalfeiertag/*Fête Nationale*), 15. August (Mariä Himmelfahrt/*Assomption*), 1. November (Allerheiligen/*Toussaint*), 11. November (Ende des Ersten Weltkriegs/*Armistice 1918*), 25. Dezember (Weihnachten/*Noël*).

Feste

Im Folgenden eine Auswahl der wichtigsten **Feste** und **Veranstaltungen**:

Januar

Espelette: Die *Foire aux Pottoks* am letzten Dienstag und Mittwoch des Monats ist ein Markt baskischer Ponies.

Schlemmerparadies Atlantikküste

So bodenständig und elegant zugleich wird das Essen in kaum einem anderen Landstrich Frankreichs zelebriert. Im gesamten Küstenbereich spielen Fisch und Meeresfrüchte natürlich eine große Rolle. Optisch überwältigend ist das **Plateau de fruits de mer**: Hübsch angerichtet türmen sich Langustinen, Garnelen (Crevettes), Austern (Huîtres), Miesmuscheln (Moules) und vielleicht ein Krebs (Crabe). Eine weit verbreitete Vorspeise sind **Moules marinières**, mit Zwiebeln in Weinsud serviert, oder **Mouclade charentaise**, mit Butter, Sahne, Eigelb und Curry oder Safran abgeschmeckt. Nicht überall bereitet man **Eclade** zu, in Kiefernnadeln gegrillt. Ganz fein schmecken auch **Coquilles St-Jacques** (Jakobsmuscheln), die oft als Vorspeise mit Cremesauce überbacken werden. Die Charenteküste und das Bassin d'Arcachon sind Europas größte Austernzuchtgebiete. Frisch und günstig probiert man **Austern** direkt bei den Zuchtparks mit ein paar Tropfen Zitrone, etwas Schwarzbrot und einem trockenen Weißwein. **Huîtres à la charentaise** (Austern auf Charentaiser Art) kitzelt die Geschmacksnerven, denn die kühlen Mollusken werden mit scharfen Würstchen genossen.

Fischliebhabern lacht das Herz bei der Auswahl: Loup de mer (Wolfsbarsch), Sole (Seezunge), Turbot (Steinbutt), Raie (Rochen), Bar (Seebarsch), Lotte (Quappe), Dorade (Goldbrasse) findet man auf den lokalen Märkten und natürlich in den Restaurants.

Spezialität der Vendée sind die **Brioche vendéenne**, ein Hefezopf, und **Mojettes**, zarte weiße Bohnen, die man mit frischem Schinken isst. Im Poitou-Charentes gelten **Lumas** oder **Cagouilles**, mit Sahne, Butter oder Pineau de Charentes zubereitete Schnecken, als Delikatesse. Vom Poitou schließlich werden Liebhaber feinen Ziegenkäses, am bekanntesten ist der **Chabichou**, begeistert sein.

Zwischen Gironde und Adour spielt die Geflügelzucht eine wichtige Rolle. Einige der Spezialitäten kann man bei einer **Assiette landaise** (Teller nach Art des Landes) probieren: ein Häppchen **Foie gras** (Stopfleber), einige **Gesiers** (Entenmägen), ein paar Scheibchen **Magret fumé** (geräucherte Entenbrust). Fast als Standardgericht kann man **Confit de canard** (im eigenen Fett eingelegte Schenkel oder Flügel von Ente) oder **Confit d'oie** (von der Gans) bezeichnen.

Das **Entrecôte à la bordelaise** war eine Spezialität der Winzer, die Fleisch über holzigen alten Rebstöcken brieten. Feinschmecker schätzen **Agneau de Pauillac**, zarten Lammrücken aus dem Weinstädtchen Pauillac. Naschkatzen und Leckermäulern sind die feinen **Macarons** (Mandelmakronen) aus St-Emilion gar eine eigene Reise wert.

Auch das Pays basque wartet mit einer Reihe von köstlichen Spezialitäten auf: bekannt sind **Jambon**, Schinken, aus Bayonne und **Poulet basquaise**, Hühnchen mit Tomaten, Piment, Schinkenwürfeln und Zwiebeln in Weißwein geschmort. Daneben kann man **Piperade**, ein Pfannengericht aus Eiern, Tomatensauce, Knoblauch, Zwiebeln, Piment und einer Scheibe Bayonner Schinken, **Ttoro**, die exquisite baskische Bouillabaisse, sowie **Chipirons à l'encre**, in ihrer eigenen Tinte gekochelte Tintenfische, bzw. **à la madrilène**, mit Zwiebeln, Tomaten, Knoblauch, Olivenöl und Paprika, nur empfehlen. **Thon blanc** ist gegrillter weißer Thunfisch, **à la basquaise** kommt er mit Tomatensauce. **Garbure**, eine kräftige Gemüsesuppe, manchmal mit Geflügelteilen ›verstärkt‹, wird im gesamten Südwesten zubereitet. Köstlich schmecken das baskische **Axoa**, Kalbsragout mit Zwiebeln und Piment abgeschmeckt, und die sehr würzige baskische Kalbsblutwurst **Tripoxa**. Im Herbst und Winter kann man **Salmi de palombes**, Wildtaubenragout, kosten.

Dass im Baskenland der ausgezeichnete Schafskäse **Brébis des Pyrénées** hergestellt wird, ist ein offenes Geheimnis. Die Herkunftsbezeichnung ›A.O.C. Ossau-Iraty‹ dient als Gütesiegel: Hier wird aus 5 l Schafmilch 1 kg Käse gewonnen. Als süße Nachspeise wird dem Urlauber oft **Gâteau basque** angeboten, Kuchen, der klassischerweise mit Kirschen aus Itxassou garniert oder mit Kirschmarmelade gefüllt wird. Und zum Abschluss darf es vielleicht noch ein feiner **Izarra**, grüner oder gelber Kräuterlikör sein?

Feste und Feiern – Klima und Reisezeit

Februar

Bayonne, St-Jean-de-Luz: *Carnaval* mit teils sehr farbenfrohen Umzügen.

März

Biarritz: Zum *Carnaval* Anfang März gerät die Stadt außer Rand und Band.

April

La Tranche-sur-Mer: *Fête des Fleurs*, ein großes Fest mit Umzügen durch die blumengeschmückten Straßen.

Mai

Mimizan-Plage: Am 1. Mai feiert man die *Fête de la Mer* mit Blumenkorso.

Biscarrosse: Beim *Rassemblement international d'Hydravions* kann man sich Wasserflugzeuge aus aller Welt ansehen (www.hydravions-biscarrosse.com).

Juni

St-Emilion: Am 3. Sonntag des Monats verkündet beim Frühlingsfest *Fête de Printemps de la Jurade* die lokale Weinbruderschaft traditionellerweise ihre Bewertung der Weine des Vorjahres.

Capbreton: Die *Fête de la Mer* wird am Meeresstrand mit Sport und Spaß sowie reichlich Essen und Trinken gefeiert.

St-Jean-de-Luz: *Fête de St-Jean* zu Ehren des Ortsheiligen Johannes mit Messe, Konzerten, Pelotespiel u. a.

Juli

Talmont-St-Hilaire: Anfang Juli wird mit der ausgelassenen *Fête de la Moule* der Miesmuschel gedacht.

St-Jean-de-Luz: Thunfisch steht im Mittelpunkt der *Fête du Thon* mit Umzug, Leckereien, Tanz und Spielen.

Hendaye: Bunte *Fête du Chipiron*, bei der nicht zuletzt unzählige der namengebenden Tintenfische verzehrt werden.

Juli/August

Biscarrosse, Capbreton, Hossegor, Mimizan, Dax: Die Arenen sind Schauplätze von *Courses landaises*.

Le Château d'Oléron: *Fête de l'Huître et du Pineau*, Volksfest rund um Austern und den leckeren Pineau-Aperitif.

St-Gilles-Croix-de-Vie: Ende Juli, Anfang August findet die jahrmarktsartige *Fête du Poisson*, das Fischfest, statt.

August

Bayonne: In der ersten August-Woche gibt es bei den *Fêtes traditionnelles* viel Atmosphäre mit Korso, *Courses landaises* und Pelotespiel zu erleben (www.fetes.bayonne.fr).

Gujan-Mestras: Am Port de Larros feiert man in der ersten Augusthälfte die *Foire aux Huîtres*, das Fest der Austern, mit Musik, Tanz und Schlemmerei.

Arcachon: Die Uferpromenade verwandelt sich am 15. August zur *Fête de la Mer* in eine einzige Vergnügungsmeile.

Biarritz: Höhepunkt der abendlichen *Nuit féerique* am 15. August ist das große Feuerwerk über den Klippen. Bei den *Biarritz Surf Masters* (Weltmeisterschaft der Surfer), misst sich die internationale Elite dieses Sports.

Dax: Einheimische und Gäste freuen sich Mitte August auf die *Feria* mit Stierkämpfen, Feuerwerk und folkloristischen Darbietungen. Man tanzt in den Straßen und zieht von Kneipe zu Kneipe.

Lacanau: *Open Mondial de Surf*, offene Wettkämpfe im Wellenreiten.

September

St-Jean-de-Luz: Anfang des Monats steht bei der *Fête du Ttoro* die berühmte baskische Fischsuppe im Mittelpunkt. Mitte September verfolgt die Region die Weltmeisterschaft im Pelotespiel.

St-Emilion: Am 3. Sonntag im September verkündet die *Jurade*, die in feierliches Rot gekleidete Gemeinschaft der Winzer und Honoratioren, anlässlich der *Proclamation du Ban des Vendanges par la Jurade* den Beginn der Weinlese. Ihr Ende gibt Anlass zur *Fête du Patrimoine*, bei der u. a. viel getrunken wird.

La Rochelle: Große internationale Bootsausstellung *Grand Pavois*.

Pauillac: Die liebliche Landschaft des Médoc durchlaufen die Teilnehmer des *Marathon des Châteaux du Médoc* (www.marathondumedoc.com).

Oktober

Espelette: Die Peperoni gibt am letzten Wochenende im Oktober Anlass zum Volksfest *Fête du Piment*.

■ Klima und Reisezeit

Relativ viel Sonne und milde Temperaturen kennzeichnen das Klima an der Atlantikküste. Die beste Reisezeit für einen **Badeurlaub** ist von der zweiten Junihälfte bis Mitte September, wenn die Wassertemperaturen des Atlantik 20°C erreichen. Hochsaison herrscht in den Monaten Juli und August, dann brodelt in den Küstenorten der Ferienbetrieb. Ganz anders im **Hinterland** der Vendée, des Poitou oder der Landes, wo es selbst in Urlaubszeiten friedlich, fast verschlafen zugeht. An der Küste wird es ab dem 20. August, wenn in Frankreich die Ferien zu Ende gehen, deutlich ruhiger, bei durchaus noch schönem Wetter.

Klimadaten Bordeaux

Monat	Luft (°C) min./max.	Wasser (°C)	Sonnenstd./Tag	Regentage
Januar	2/9	12	3	16
Februar	2/11	11	4	13
März	4/15	12	6	13
April	8/17	13	7	13
Mai	9/20	15	8	14
Juni	12/24	17	8	11
Juli	14/25	18	8	11
August	14/26	19	8	12
September	12/23	19	7	13
Oktober	8/18	17	5	14
November	5/13	15	3	15
Dezember	3/19	14	2	17

■ Kultur live

April

Cognac: Das Filmfest *Festival du Film policier* ist dem Genre Krimi gewidmet (www.festival.cognac.fr).

Juni–August

Puy-du-Fou: Kulturelle Veranstaltungen runden das historische Freilichtspektakel *Jacques Mautpillier, paysan vendéen* ab (www.puydufou.com).

Département Gironde: *L'Été Girondin* mit Konzerten und Theateraufführungen (www.tourisme-gironde.fr).

Juli

La Rochelle: *Les Francofolies*, die Tage des großen Musikfestivals französischsprachiger Chansons, Folklore, Ethnorock etc., fallen in die erste Julihälfte (www.francofolies.fr).

Bayonne: Mitte Juli genießen kunstsinnige Besucher beim *Festival de Jazz aux Remparts* Jazz auf den Stadtmauern.

Fort Médoc: Während der Tage des *Jazz Fort-Médoc* wird auch in der ehem. Festung gejazzt, was das Zeug hält.

St-Aubin de Blaye: Großes Jazz-Festival in der alten Festungsstadt.

August/September

Bayonne, Biarritz, Ciboure, St-Jean-de-Luz: Hier und in weiteren Orten an der baskischen Küste finden im Rahmen des Programms *Musique en Côte basque* Musikveranstaltungen von Opern bis zu A-cappella-Gesang statt (www.musiquecotebasque.asso.fr).

September

Biarritz: *Le Temps d'Aimer la danse.* Das Festival modernen Tanzes findet alljährlich in Biarritz statt.

November

Bordeaux: In der zweiten Novemberwoche kann man beim Theater- und Tanzfestival *Novart* neben Ballett und Schauspiel auch allerlei Innovatives und Avantgardistisches sehen.

■ Nachtleben

In den großen Städten und während der Saison auch in den Ferienorten werden die üblichen Vergnügungen in **Bars** und **Diskos** geboten. Allerdings ist der Besuch von Diskotheken in Frankreich ein teurer Spaß. Große Campinganlagen bieten zur Saison oft **Animation**, d.h. abends Live-Musik mit Tanzmöglichkeit.

■ Sport

Baden

Zweifellos die Hauptattraktionen der französischen Atlantikküste sind ihre herrlichen Sandstrände, z. B. die makellose **Côte d'Argent** südlich der Gironde bis zu den Pyrenäen. Steile Felsen mit kleinen sandigen Buchten kennzeichnen die sich anschließende baskische Küste. An vielen Stränden werden Zelte und Sonnenschirme vermietet. Nacktbaden ist außerhalb der FKK-Zentren nicht üblich.

Der **Gezeitenwechsel** ist an der französischen Atlantikküste sehr ausgeprägt. Die dadurch entstehenden **Strömungen** können tückisch und selbst für sehr gute Schwimmer gefährlich sein. Deswegen sollte man sich unbedingt an die bewachten Strände halten und die Farbe der dortigen Fahnen beachten: Rot verbietet das Baden, Gelb bedeutet, dass es

Sport

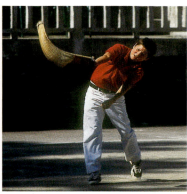

Basken verfolgen Pelote mit Leidenschaft, für Touristen wirkt das Spiel eher exotisch

gefährlich, aber möglich ist, und Grün signalisiert ungetrübte Wasserfreuden. Gefahrlos schwimmt man auch in den vielen **Seen** südlich der Gironde, die oft ebenfalls von Sandstränden gesäumt werden, wie etwa der Lac d'Hourtin.

Golf

Das Golfspielen kam in den letzten Jahren zunehmend in Mode. Entsprechend reichhaltig ist das Angebot an meist sehr hübsch gelegenen Plätzen von 9- und 36-Loch-Anlagen. Nahe **Biarritz** wurde in den grünen Hügeln des küstennahen Baskenlandes bei Bidart das *Centre International du Golf* (Tel. 05 59 43 81 30, www.golf-ilbarritz.com) eröffnet, ein Leistungszentrum für Profis und solche, die es werden wollen.

Kajak und Kanu

Ein reizvolles **Paddelrevier** ist das von Kanälen durchzogene Marais Poitevin. Auf mehrere Tage könnte eine Tour über die Verbindungskanäle entlang der Binnenseen an der Côte d'Argent angelegt sein. Landschaftlich schön ist auch die Strecke auf Leyre und Eyre zwischen dem Ort Sabres und dem Bassin d'Arcachon. Hier wurden in Tagesetappen Campingplätze eingerichtet, Bootsverleih mit Rückholservice – alles ist bestens organisiert. Mit Meerkajaks, zu leihen in der *Maison de la Nature in Le Teich* [s. S. 90], kann man auch das Bassin selbst befahren.

Parasailing und Paraglidung

Beliebt bei Drachenfliegern (*Deltaplan*), wenn auch von den Bedingungen her nicht unbedingt optimal, ist die über 100 m hohe Düne von Pilat beim Bassin d'Arcachon. Landschaftlich spannender für Flieger sind die Pyrenäen.

Pêche à Pied

›Fischen zu Fuß‹ ist ein mit Hingabe betriebenes Hobby zahlreicher Franzosen: Bei Ebbe ziehen sie mit Rechen, Eimer, Harke und Spaten los, um essbare Muscheln im Sand, Strandschnecken oder Taschenkrebse im Tang bzw. unter Steinen aufzuspüren.

Radfahren

Immer größerer Beliebtheit erfreuen sich Radtouren im Küstenbereich, in den meisten Ferienorten werden Fahrräder vermietet. Zwischen vielen Badeorten bestehen eigene *Pistes Cyclables*, besonders gut ist das Radwegenetz im Département Gironde ausgebaut. Teilweise wurden die Wege entlang alter Eisenbahntrassen angelegt, teils eigens asphaltierte Strecken durch den duftenden Kiefernwald gebaut.

Reiten

Reiterhöfe, *Centres équestres*, bieten Kurse sowie Ausritte am Strand oder in die Wälder. Infos:

Comité régionale de tourisme équestre, rue Bossuet, 44000 Nantes, Tel. 02 40 48 12 27, www.crte-paysdelaloire.com

Segeln

Zentren des Hochseesegelns sind die Île de Noirmoutier und La Rochelle, das einen der größten Jachthäfen der Region besitzt. Anfänger schätzen die ruhigen Gewässer der Binnenseen, wo sie – etwa auf dem Étang de Lacanau – in Ruhe üben können.

Tauchen

Gute Tauchmöglichkeiten bietet die baskische Küste. Tauchfahrten werden z. B. auch in Arcachon angeboten.

Tennis

Fast in jedem Badeort, oft auch bei größeren Campinganlagen auf dem Land, findet man Tennisplätze, die man stundenweise mieten kann.

Wellenreiten

Seit 1957 das Wellenreiten (*Surf*) aus Hawaii nach Europa kam, wurde es in Frankreich begeistert aufgenommen. In jedem Badeort an der Silberküste bieten einschlägige Schulen Kurse an. Hochburgen der Surfer sind Lacanau, Hossegor und Biarritz, wo im August auch die Weltmeisterschaften, die Biarritz Surf Masters, ausgetragen werden.

Windsurfen

Windsurfer (*Plancheurs à voile*) – ob Anfänger oder Cracks – finden an der Atlantikküste sehr gute Möglichkeiten, ihren Sport auszuüben. Am Meer weht fast immer eine Brise, und wem der Wellengang zu hoch ist, kann im südlichen Atlantikbereich auf die vielen Süßwasserseen ausweichen. Surfgeschäfte, -schulen und Ausrüstungsverleih sind in jedem Badeort vorhanden.

■ Statistik

Lage: Die in diesem Band beschriebene Französische Atlantikküste umfasst den Küstenbereich südlich der Loire bis zu den Pyrenäen an der spanischen Grenze.

Verwaltung: Frankreich ist in 96 Départements eingeteilt. Als übergeordnete Einheiten schuf man 1972 im Rahmen der Verwaltungsreform 22 Regionen. Der hier beschriebene Küstenbereich gehört zu den drei Regionen Pays-de-Loire (Hauptstadt Nantes, hier beschrieben: Département Vendée), Poitou-Charentes (Hauptstadt Poitiers, Départements Deux-Sévres, Charente-Maritime) und Aquitaine (Hauptstadt Bordeaux, Départements Gironde, Landes, Pyrénées-Atlantiques); jeweils mit eigener Tourismuszentrale [s. S. 125].

Bevölkerung: Hauptstadt der Region Aquitaine, in der rund 2,9 Mio. Menschen leben, ist Bordeaux mit 230 000 Einwohnern. Von den ca. 1,2 Mio. Einwohnern Poitou-Charentes' wohnen etwa 90 000 in der Regionskapitale Poitiers. Das Département Vendée ist mit 540 000 Bewohnern relativ dünn besiedelt. Im Bereich der Französischen Atlantikküste leben Nachfahren romanisierter gallischer Stämme. Von ihnen unterscheiden sich die Basken im Süden, deren Herkunft ungeklärt ist.

Die vorherrschende **Religion** ist die römisch-katholische. Protestantische Enklaven findet man um La Rochelle, im Poitou und in der Gegend um Niort.

Wirtschaft: Die Französische Atlantikküste ist an sich sehr ländlich. Schwerindustrie konnte sich hier nie fest etablieren, ausgenommen der Schiff- und Eisenbahnbau. Seit Ende des 19. Jh. wurde der Tourismus sowie die damit zusammenhängenden Bereiche Handel und Dienstleistungen für den gesamten Küstenbereich zum wichtigsten Wirtschaftsfaktor.

In der Vendée spielt die Salzgewinnung auf der Île de Noirmoutier noch eine gewisse Rolle, Fischerei wird in St-Gilles-Croix-de-Vie betrieben. Wirtschaftlich bedeutender sind jedoch die beiden größten Sportbootfirmen Europas, die in der Vendée ihre Werften haben. Schiffbau findet sich traditionell auch in La Rochelle. Ein bedeutender Wirtschaftsfaktor sind Weinanbau und Cognac-Herstellung um den Ort Cognac sowie Austernzucht bei Marennes, der Île d'Cléron und der Île de Ré.

Aquitanien ist stark von Land- und Waldwirtschaft geprägt. Zellulosefabriken verwerten das schnell wachsende Kiefernholz. Daneben baut man Mais, Spargel, Obst und besonders Wein an.

Das Bordelais gilt quasi als Synonym für gute Weine. Luft- und Raumfahrtforschungszentren, Raffinerien und metallverarbeitende Industrie bieten im Großraum Bordeaux Arbeitsplätze. Bei Parentis wird seit den 1950er-Jahren Erdöl gefördert, Erdgas bei Lacq im Süden.

Das Bassin d'Arcachon ist ein Zentrum der Austernzucht. An der baskischen Küste spielt Fischerei, besonders Thunfischfang, eine Rolle. Das Inland ist agrarisch geprägt; hier werden ausgezeichnete Schinken und Käse produziert.

■ Unterkunft

Die Unterkunftsmöglichkeiten sind im Bereich der Französischen Atlantikküste vielfältig. Von der noblen Suite in mittelalterlichen Burgen oder Schlosshotels, gemütlichen Zimmern in ländlichen Herbergen, *Auberges*, bis zur Übernachtung auf dem Campingplatz kann man je nach Geschmack und Brieftasche wählen.

Camping

Campingurlaub ist sehr beliebt. Manche Orte an der Côte d'Argent, wie z.B. Pyla-sur-Mer, sind wahre Campingstädte,

Unterkunft

riesengroß, mit Geschäften, Restaurants, einem umfassenden Sport- und Vergnügungsangebot sowie entsprechendem Lärmpegel. Auf den ausgedehnten Anlagen, oft auch *Hôtels de plein air* (Freilufthotels) genannt, werden zunehmend Bungalows wochenweise vermietet. Wer es beschaulicher mag, wählt gemeindeeigene *Campings municipals*, meist kleinere Plätze ohne übertriebenen Aufwand. Noch ruhiger übernachtet man auf den *Campings à la ferme*, einfachen, im Hinterland gelegenen Plätzen, die einem Bauernhof angeschlossen sind.

Ein ausführliches Verzeichnis geprüfter Campingplätze der Region bietet der *ADAC Camping Caravaning Führer, Band 1 – Südeuropa*.

Ferienwohnungen

An der Französischen Atlantikküste werden in großem Umfang Ferienwohnungen angeboten. Wer zur Hauptferienzeit in gefragte Küstenorte wie Arcachon reisen möchte, sollte allerdings Monate im Voraus buchen. Originell sind oft die Ferienwohnungen und -häuser von **Gîtes de France** (www.gites-de-france.fr). Buchung über die Regionalbüros, z. B.:

La Charente Maritime, Immeuble de l'amirauté, 18, rue Emile Picard, BP 32, 17002 La Rochelle, Tel. 05 46 50 63 63, Fax 05 46 50 54 46, www.gites-de-france-atlantique.com

La Gironde, 21, Cours de l' Intendance, 33000 Bordeaux, Tel. 05 56 81 54 23, Fax 05 56 51 67 13, gites33@wanadoo.fr

Hausboote

Urlaub im Hausboot auf den französischen Flüssen und Kanälen erfreut sich großer Beliebtheit. Es ist eine sehr entspannende, beschauliche, bequeme und bei mehreren zahlenden Personen keineswegs zu teure Ferienvariante. Besonders reizvoll ist das gemächlich dahinmäandernde Flüsschen Charente, das von Angoulême über Cognac, Saintes bis Rochefort schiffbar ist. Infos:

Locaboat Holidays, Postfach 867, 79008 Freiburg, Tel. 0761/207 37 37, Fax 07 61/207 37 73, www.locaboat.de

Hotels

Eine Auswahl empfehlenswerter Hotels bieten die **Praktischen Hinweise** im Haupttext. Urlauber, die gern in einem Schloss logieren möchten, bestellen am besten die Broschüre *Château Accueil* beim französischen Fremdenverkehrsamt [s. S. 125]. Auch *Châteaux et Hôtels de France* (www.chateauxhotels.com), vermittelt Übernachtungen in **Schlosshotels** und Herrenhäusern.

Campingurlaub ist in Frankreich sehr beliebt, und entsprechend schön gelegene Plätze sind auch an der Atlantikküste zu finden, wie z. B. hier bei Biarritz

Am Rand größerer Städte kann man sehr günstig in den nüchternen Häusern der Kette *Etap Hotel* oder *Formule 1* übernachten. Der Zimmerpreis ist einheitlich, unabhängig von der Anzahl der Personen (maximal vier). Diese **Stop-and-go-Hotels** kommen jedoch nur für Reisende mit eigenem Fahrzeug infrage, da sie meist an Autobahnzubringern oder in Vororten liegen.

Ein gutes Mittel zwischen diesen beiden Extremen sind Hotels, die sich unter dem Namen **Logis et Auberge de France** zusammengeschlossen haben. Unter dem Zeichen des grünen Schilds mit gelbem Kamin findet man solide, traditionelle Hotels. In der Regel ist ein Restaurant angeschlossen, das gute Küche zu angemessenen Preisen bietet.

Während der Saison werden viele Hotelzimmer nur mit **Halbpension** vermietet. Das eher karge französische Frühstück wird in der Regel separat berechnet. Besser frühstückt man in einem Café.

Jugendherbergen

Mitglieder des Jugendherbergswerks können in den oft sehr malerisch gelegenen *Auberges de Jeunesse* günstig übernachten. Während der Hochsaison sollte man sich telefonisch versichern, ob Betten frei sind. Infos:

Fédération Unie des Auberges de Jeunesse, 27, rue Pajol, 75018 Paris, Tel. 01 44 89 87 27, www.fuaj.org

Deutsche Jugendherbergswerk, Bismarckstr. 8, 32760 Detmold, Tel. 052 31/740 10, Fax 052 31/74 01 49, www.jugendherberge.de

Jugendherbergen ähnlich sind die **Gîtes d'Etape**, die man oft an Kanustrecken, Wander- oder Radrouten findet.

Privatzimmer

Privatzimmer, *Chambres d'Hôte*, bieten sowohl günstige Übernachtungsmöglichkeit als auch Gelegenheit zu Kontakt mit der Bevölkerung. Die örtlichen Touristenbüros verfügen über Listen der Vermieter.

Wohnmobile

Wer mit dem Wohnmobil unterwegs ist, findet in Frankreichs Westen zunehmend ausgewiesene Parkplätze. Sie verfügen über sanitäre Einrichtungen und Wasserzapfsäule.

Der etwas andere Familienausflug: mit dem Tretauto durch St-Jean-des-Monts

Verkehrsmittel im Land

Bahn

Arcachon und Biarritz sind seit dem 19. Jh. an das Eisenbahnnetz angeschlossen. Auch Bordeaux, Royan, La Rochelle und Les Sables d'Olonne erreicht man per Bahn bequem und schnell von Paris aus. Entlang der Küste existieren jedoch keine Verbindungen. **Infos:** www.sncf.com

Bus

Busbahnhöfe, *Gare routière*, findet man meist vor dem Bahnhof. Die meisten Buslinien sind inzwischen in privater Hand, rentable Strecken zwischen bekannten Badeorten werden also häufig und regelmäßig befahren. Im Landesinneren wird das Netz aber recht dünn.

Mietwagen

Vor der Reise bucht man Leihwagen meist preiswerter als vor Ort. *ADAC-Mitglieder* können bei den Geschäftsstellen oder über Tel. 018 05/31 81 81 (0,14 €/Min.) Autos zu günstigen Konditionen mieten.

Schiff

Weite Wege erspart die **Autofähre**, die über den Mündungstrichter der Gironde hinweg Royan und die Pointe de Grave verbindet sowie, etwas weiter flussaufwärts, Blaye und Lamarque. Ebenfalls sehr bequem ist die **Personenfähre** Cap Ferret – Arcachon am Ausgang des Bassin d'Arcachon.

Sprachführer
Französisch für die Reise

■ Das Wichtigste in Kürze

Ja/Nein	Oui/Non
Bitte/Danke	S'il vous plaît/Merci
In Ordnung./ Einverstanden.	Très bien./ D'accord.
Entschuldigung!	Pardon!/Excuse(z)-moi!
Wie bitte?	Comment?/Vous dites?
Ich verstehe Sie nicht.	Je ne vous comprends pas.
Ich spreche nur wenig Französisch.	Je ne parle que peu le français.
Können Sie mir bitte helfen?	Pourriez-vous m'aider, s'il vous plaît?
Das gefällt mir (nicht).	Cela (ne) me plaît (pas).
Ich möchte ...	Je voudrais ...
Haben Sie ...?	Avez-vous ...?
Gibt es ...?	Y a-t-il ...?
Wie viel kostet das?	Cela coûte combien?
Kann ich mit Kreditkarte bezahlen?	Puis-je régler avec une carte de crédit?
Wie viel Uhr ist es?	Quelle heure est-il?
Guten Morgen!/ Guten Tag!	Bonjour!
Guten Abend!	Bonsoir!
Gute Nacht!	Bonne nuit!
Hallo!/Tschüs!	Salut!
Mein Name ist ...	Je m'appelle ...
Wie ist Ihr Name, bitte?	Quel est votre nom, s'il vous plaît?
Wie geht es Ihnen?	Comment allez-vous?
Auf Wiedersehen!	Au revoir!
Bis bald!	A bientôt!
Bis morgen!	A demain!
gestern/heute/ morgen	hier/aujourd'hui/ demain
am Vormittag/ am Nachmittag	le matin/ l'après-midi
am Abend/ in der Nacht	le soir/ la nuit
um 1 Uhr/ 2 Uhr ...	à une heure/ à deux heures ...
um Viertel vor/ nach ...	à ... moins le quart/ et quart
um ... Uhr 30	à ... heure(s) trente
Minute(n)/Stunde(n)	minute(s)/heure(s)
Tag(e)/Woche(n)	jour(s)/semaine(s)
Monat(e)/Jahr(e)	mois/an(s)/année(s)

■ Wochentage

Montag	lundi
Dienstag	mardi
Mittwoch	mercredi
Donnerstag	jeudi
Freitag	vendredi
Samstag	samedi
Sonntag	dimanche

■ Zahlen

0	zéro	19	dix-neuf
1	un	20	vingt
2	deux	21	vingt-et-un
3	trois	22	vingt-deux
4	quatre	30	trente
5	cinq	40	quarante
6	six	50	cinquante
7	sept	60	soixante
8	huit	70	soixante-dix
9	neuf	80	quatre-vingt
10	dix	90	quatre-vingt-dix
11	onze	100	cent
12	douze	200	deux cents
13	treize	1000	mille
14	quatorze	2000	deux mille
15	quinze	10 000	dix mille
16	seize	100 000	un million
17	dix-sept	½	un demi
18	six-huit	¼	un quart

■ Monate

Januar	janvier
Februar	février
März	mars
April	avril
Mai	mai
Juni	juin
Juli	juillet
August	août
September	septembre
Oktober	octobre
November	novembre
Dezember	décembre

■ Maße

Kilometer	kilomètre
Meter	mètre
Zentimeter	centimètre
Kilogramm	kilogramme
Pfund	livre
Gramm	gramme
Liter	litre

■ Unterwegs

Nord/Süd/West/Ost	nord/sud/ouest/est
oben/unten	en haut/dessous
geöffnet/geschlossen	ouvert/fermé
geradeaus/links/ rechts/zurück	tout droit/gauche/ droite/ en arrière
nah/weit	proche/loin
Wie weit ist das?	A quelle distance d'ici se trouve-t-il?
Wo sind die Toiletten?	Où sont les toilettes?
Wo ist die (der) nächste ...	Où se trouve ...
Telefonzelle/	la cabine téléphonique/
Bank/	la banque/
Post/	le bureau de poste/
Polizei/	le poste de police/
Geldautomat?	le distributeur de billets la/le plus proche?
Wo ist ...	Où se trouve ...
der Bahnhof/	la gare/
die U-Bahn/	le métro/
der Flughafen?	l'aéroport?
Wo finde ich ...	Où se trouve ...
eine Bäckerei/	une boulangerie/
ein Fotogeschäft/	un magasin photographiques/
ein Kaufhaus/	un grand magasin/
ein Lebensmittelgeschäft/	une épicerie/
einen Markt?	un marché?
Ist das der Weg/ die Straße nach ...?	Est-ce que c'est le chemin/ la route/ la rue pour ...?
Gibt es einen anderen Weg?	Y a-t-il un autre chemin?
Ich möchte mit dem Zug/Schiff/ Fähre/Flugzeug nach ... fahren.	Je voudrais prendre le train/le bateau/ le ferry-boat/l'avion pour ...
Ist der Preis für Hin- und Rückfahrt?	Est-ce que c'est le prix aller-retour?
Wie lange gilt *temps* das Ticket?	Pour combien de le ticket sera valide?
Wo ist das Fremdenverkehrsamt/ Reisebüro?	Où se trouve l'Office de Tourisme/ l'agence de voyages?
Ich benötige eine Hotelunterkunft.	J'ai besoin d'un hôtel.
Wo kann ich mein Gepäck lassen?	Où puis-je laisser mes bagages?
Ich habe meinen Koffer verloren.	J'ai perdu ma valise.
Ich möchte eine Anzeige erstatten.	Je voudrais déposer une plainte.
Man hat mir ...	On m'a volé ...
Geld/	de l'argent/
meine Tasche /	mon sac/
meine Papiere/	mes papiers/
die Schlüssel/	les clés/
meinen Fotoapparat/	mon appareil photo/
meinen Koffer/	ma valise/
mein Fahrrad gestohlen.	ma bicyclette.

■ Freizeit

Ich möchte ein ...	Je voudrais louer ...
Fahrrad/	une bicyclette/
Motorrad/	une moto/
Surfbrett/	une planche à voile/
Mountainbike/ Boot/	un v.t.t./un bateau/
Pferd mieten.	un cheval.
Gibt es ein(en)	Y a-t-il ...
Freizeitpark/	un parc d'attractions/
Freibad/	une piscine/
Golfplatz/	un terrain de golf/
Strand in der Nähe?	la plage près d'ici?
Wann hat ... geöffnet?	Quelles sont les horaires d'ouverture ...?

■ Bank, Post, Telefon

Brauchen Sie meinen Ausweis?	Avez-vous besoin de ma carte d'identité?
Wo soll ich unterschreiben?	Où dois-je signer?

■ Hinweise zur Aussprache

ai	wie ›ä‹, Bsp.: l**ai**t
au	wie ›o‹, Bsp.: **au**to, g**au**che
eu	wie ›ö‹, Bsp.: p**eu**, d**eu**x
ou	wie ›u‹, Bsp.: r**ou**ge
ue	wie ›ü‹, Bsp.: r**ue**, aven**ue**
c	vor ›e‹ und ›i‹ wie ›s‹, Bsp.: **c**e, **c**ide
c	vor ›a‹ und ›o‹ wie ›k‹, Bsp.: **c**abinet, **c**ompagnie
ch	wie ›sch‹ Bsp.: **ch**ips
h	am Wortanfang ist immer stumm, Bsp.: **h**ommage
g	vor ›e‹ und ›i‹ wie ›dsch‹, Bsp.: **g**entille, **g**ilet
gn	wie ›nj‹, Bsp.: co**gn**ac, a**gn**eau
p, s, t	sind am Wortende meist stumm, Bsp.: tro**p**, trè**s**, mo**t**
-tion	bei dieser Silbe ›t‹ wie ›s‹, Bsp.: na**tion**
q, qu	wie ›k‹, Bsp.: co**q**, **qu**i
v	wie ›w‹, Bsp.: **v**ie
z	wie ›s‹, Bsp.: **z**éro

Ich möchte eine Telefonverbindung nach ...	Je voudrais une communication avec ...
Wie lautet die Vorwahl für ...?	Quel est le préfixe pour ...?
Wo gibt es ... Münzen für den Fernsprecher/ Telefonkarten/ Briefmarken?	Où peut-on trouver ... des jetons/ des cartes téléphoniques/ des timbres?

▮ Tankstelle

Wo ist die nächste Tankstelle?	Où est-ce que la station d'essence la plus proche?
Ich möchte ... Liter ... Super/ Diesel bleifrei/ mit ... Oktan.	Je voudrais ... litres ... de super/ de gasoil sans plomb à ... octane.
Volltanken, bitte.	Faites le plein, s'il vous plaît.
Prüfen Sie bitte ...	Vérifiez s'il vous plaît, ...
den Reifendruck/	la pression de gonflage/
den Ölstand/	le niveau d'huile/
den Wasserstand/	le niveau d'eau/
das Wasser für die Scheibenwischanlage/	l'eau pour le système essuieglaces/
die Batterie.	la batterie.
Würden Sie bitte ...	Pourriez-vous s'il vous plaît ...
den Ölwechsel vornehmen/	faire la vidange d'huile/
den Radwechsel vornehmen/	effectuer le changement de roue(s)/
die Sicherung austauschen/	échanger le fusible/
die Zündkerzen erneuern/	échanger les bougies/
die Zündung nachstellen?	régler l'allumage?

▮ Panne

Ich habe eine Panne.	Je suis en panne.
Der Motor startet nicht.	Le moteur ne démarre pas.
Ich habe die Schlüssel im Wagen gelassen.	J'ai laissé les clés dans la voiture.
Ich habe kein Benzin/Diesel.	Je n'ai plus d'essence/de diesel.
Gibt es hier in der Nähe eine Werkstatt?	Est-ce qu'il y a un garage près d'ici?
Können Sie mein Auto abschleppen?	Pourriez-vous remorquer ma voiture?
Können Sie mir einen Abschleppwagen schicken?	Est-ce que vous pouvez m'envoyer une dépanneuse?
Können Sie den Wagen reparieren?	Pouvez-vous réparer la voiture?
Wann wird er fertig sein?	Quand sera-t-elle prête?

▮ Mietwagen

Ich möchte ein Auto mieten.	Je voudrais louer une voiture.
Was kostet die Miete ... pro Tag/pro Woche/	Combien coûte la location ... par jour/par semaine/
mit unbegrenzter km-Zahl/	avec kilométrage illimité/
mit Kaskoversicherung/	avec assurance tous risques/
mit Kaution?	avec la caution?
Wo kann ich den Wagen zurückgeben?	Où puis-je rendre le véhicule?

▮ Unfall

Hilfe!	Au secours!
Achtung!/Vorsicht!	Attention!
Bitte rufen Sie schnell ...	S'il vous plaît, appelez vite ...
einen Krankenwagen/	une ambulance/
die Polizei/	la police/
die Feuerwehr.	les sapeurs-pompiers.
Es ist (nicht) meine Schuld.	C'est (ce n'est pas) de ma faute.
Geben Sie mir bitte Ihren Namen und Ihre Adresse.	Veuillez me donner votre nom et adresse, s'il vous plaît.
Ich brauche die Angaben zu Ihrer Autoversicherung.	J'aurais besoin des données de votre assurance automobile.

▮ Krankheit

Können Sie mir einen guten Deutsch sprechenden Arzt/ Zahnarzt empfehlen?	Pourriez-vous me conseiller un bon médecin/ dentiste qui parle allemand?
Wann hat er Sprechstunde?	Quelles sont ses heures de consultation?
Wo ist die nächste Apotheke?	Où est-ce que se trouve la pharmacie la plus proche?
Ich brauche ein Mittel gegen ... Durchfall/	J'aurais besoin d'un médicament contre ... la diarrhée/

Fieber/	la fièvre/
Insektenstiche/	les piqûres d'insecte/
Verstopfung/	la constipation/
Zahnschmerzen.	le mal de dents.

■ Im Hotel

Ich habe bei Ihnen ein Zimmer reserviert.	J'ai réservé une chambre chez vous.
Haben Sie ein ... Einzel-/	Auriez-vous ... une chambre à un lit/une
Doppelzimmer ...	chambre à deux lits
mit Dusche/	avec douche/
mit Bad/WC?	avec salle de bains/WC?
für eine Nacht/	pour une nuit/
für eine Woche?	pour une semaine/
mit Blick aufs Meer?	avec vue sur la mer?
Was kostet das Zimmer ...	Combien coûte la chambre ...
mit Frühstück/	avec petit-déjeuner/
mit Halbpension/	avec demi-pension/
mit Vollpension?	avec pension complète?
Wie lange gibt es Frühstück?	Jusqu'à quelle heure peut-on prendre le petit-déjeuner?
Ich möchte um ... Uhr geweckt werden.	Je voudrais qu'on me réveille à ... heure(s).
Ich reise heute Abend/ morgen früh ab.	Je pars ce soir/ demain matin.
Haben Sie ein Faxgerät/ Hotelsafe?	Avez-vous un fax/ un coffre-fort?

■ Im Restaurant

Wo gibt es ein gutes/günstiges Restaurant?	Pourriez-vous m'indiquer un bon restaurant/un restaurant pas trop cher?
Die Speisekarte/ Getränkekarte, bitte.	Je voudrais la carte/ la carte des boissons, s'il vous plaît.
Ich möchte das Tagesgericht/Menü (zu...)	Je voudrais le plat du jour/le menu (à ...).
Welches Gericht können Sie besonders empfehlen?	Quel plat pourriez-vous recommander particulièrement?
Ich möchte nur eine Kleinigkeit essen.	Je voudrais manger qu'un petit quelque chose.
Haben Sie vegetarische Gerichte?	Avez-vous des plats végétariens?
Können Sie mir bitte ...	Pourriez-vous m'apporter ...
ein Messer/	un couteau/
eine Gabel/ einen Löffel bringen?	une fourchette/ une cuillère, s'il vous plaît?
Darf man hier rauchen?	Peut-on fumer ici?
Die Rechnung bitte!	L'addition, s'il vous plaît!

■ Essen und Trinken

Apfel	pomme
Artischocke	artichaut
Austern	huîtres
Bier	bière
Brot/Brötchen	pain/petit pain
Butter	beurre
Ei	œuf
Eiscreme	glace
Erdbeeren	fraises
Essig	vinaigre
Fisch	poisson
Flasche	bouteille
Fleisch	viande
Fruchtsaft	jus de fruits
Gemüse	légume
Glas	verre
Hammelfleisch	mouton
Himbeeren	framboises
Hummer	homard
Joghurt	yaourt
Kaffee mit Milch	café au lait
Kaffee, schwarzer	café noir
Kalbfleisch	veau
Kartoffeln	pommes de terre
Käse	fromage
Krabben, Garnelen	crevettes
Kuchen	gâteau
Lammfleisch	agneau
Leber	foie
Leberpastete	pâté de foie
Meeresfrüchte	fruits de mer
Milch	lait
Mineralwasser (mit/ohne Kohlensäure)	l'eau minérale (gazeuse/ non gazeuse)
Obst	fruits
Öl	huile
Pfeffer	poivre
Pfirsiche	pêches
Reis	riz
Rindfleisch	bœuf
Salz	sel
Schinken	jambon
Schweinefleisch	porc
Spinat	épinards
Suppe	soupe
Tomaten	tomates
Wein (Weiß/Rot/Rosé)	vin (blanc/rouge/rosé)
Zwiebeln	oignons

Register

A

Abbadie, Antoine d' 119
Adour 110
Aemilianus, Wandermönch **76**
Aga Khan 113
Ainhoa 120–121
Aix 47, 52
Alarich II. 12
Aliénor d'Aquitaine 12, 19, 37, 39, 52, **65**, **72**, **79**, 109
Amundsen, Roald 98
Andernos-les-Bains **90**
André, Jean **69**
Anglet 112
Annunzio, Gabriele d' 103, 122
Aquitanien 9, 11, 12, 13, 18, 36, 58, **65**, 125, 133
Arcachon 10, **65**, **89**, **90**, **93–95**, 130, 132, 134, 135
Ars-en-Ré 7, **45**
Ascain 120
Aulnay 8, 12, **46–47**, 50
Austernbecken 52
Austernzucht 7, 9, 39, 41, 43–44, 45, 47, 50, 51, 52, **72**, **85**, **89**, **91**, **92**, **93**, 129, 133
Avrillé 34

B

Baie de Bourgneuf 24
Banc d'Arguin **89**, **93**
Bas-Médoc **85–86**
Baskenland 10–11, 15, **88**, 109–123, 129
Bassin d'Arcachon 9, **89–92**, 132, 133, 135
Bayonne 10, 12, 14, 50, 103, 104, **109–112**, 113, 118, 121, 129, 130, 131
  Cathédrale Ste-Marie 110
  Château-Vieux 111
  Citadelle 110
  Grand Bayonne 109, 110–111
  Jardin Botanique 111
  Musee Basque 111
  Musée Bonnat 111–112
  Petit Bayonne 109, 111–112
  Pont Marengo 111
  Rue du Port-Neuf 110
  St-Esprit 109
Bernhardt, Sarah 122
Berry, Marie Caroline de **81**
Biarritz 6, 10, 109, **112–116**, 127, 130, 131, 132, 133, 135
  Boulevard du Maréchal Leclerc 114
  Grande Plage 113
  Hôtel du Palais 113
  Le Casino 114
  Musée de la Mer 114
  Musée du Chocolat 115
  Musée Historique de Biarritz 114
  Phare de la Pointe St-Martin 113
  Plage de la Côte des Basques 114
  Plage du Port-Vieux 114
  Plage Miramar 113
  Plateau d'Atalaye 114
  Port des Pêcheurs 114
  Rocher de la Vièrge 114
  St-Alexandre-Newsky 113–114
  Vieux Biarritz 114

Biganos **90**
Biscarrosse 98, 130
Blaye 14, **81–82**, **84**
Bois de la Chaize 26
Bonaparte, Napoleon 8, 14, 39, 48, **67**
Bonnat, Léon 112
Borda, Jean-Charles de 106
Bordeaux 9, 11, 12, 14, 50, 58, **65–76**, **78**, **80**, **81**, **82**, **86**, 133
  Basilique Saint-Michel **72**
  Centre d'Art Contemporain **75**
  Cité Mondiale du Vin **75**
  Croiseur Colbert **75**
  Église Notre-Dame **69**
  Église St-Pierre **70–71**
  Esplanade des Quinconces **68–69**
  Grand Théâtre **70**
  Grosse Cloche **72**
  Hôtel de Ville **73**
  Hôtel des Douanes **70**
  Institut Cervantes **69**
  Jardin Botanique **75**
  Jardin Public **75**
  La Flèche **72**
  Marché aux Puces **72**
  Marché des Grands Hommes **69**
  Monument des Girondins **69**
  Musée d'Aquitaine **72**
  Musée d'Histoire Naturelle **75**
  Musée des Arts Décoratifs **73**
  Musée des Beaux-Arts **73**
  Musée National des Douanes **70**
  Palais de la Bourse **70**
  Palais Rohan **73**
  Place de la Bourse **70**
  Place de la Comédie **70**
  Place du Parlement **70**
  Pont de Pierre **71**
  Port de la Lune **65**
  Porte Cailhou **71**
  Porte de Bourgogne **71**
  Quartier des Chartrons **73–75**
  Quartier St-Michel **72**
  Rue de la Rousselle **71**
  Rue Ste-Catherine **72**
  Tour Pey-Berland **72**
  Triangle d'Or **69**
Bordelais 6, 8, 9, 15, **65**, **68**, **69**, **72**, **78**, **84**, **86**
Boyardville 53
Brauner, Victor 31
Brémontier, Nicolas 101
Brouage 13, 50–51, 52

C

Cadillac **80–81**
Caesar, Gaius Julius 12, 18
Calvin, Johannes 13
Cambo-les-Bains **121–122**
Cap Ferret **89**, **90**
Capbreton **97**, **105**, 130
Castillon-la-Bataille 13
Chaban-Delmas, Jacques **68**
Chagall, Marc **85**
Chaisac, Gaston 31
Champlain, Samuel de 51
Charente (Fluss) 8
Charente-Maritime 6, **39–63**, 129
Charles IV., König 13

Charles VII., König 13, 18, **68**
Charles VIII., König **71**
Charles X., König 42
Château d'Abbadie 119
Château d'Oléron 13–14, 39, 53
Château de la Brède **80**
Château des Ducs d'Epernon **81**
Château des Valois 62
Château du Cos d'Estournel **85**
Château du Roi **77**
Château La Roche-Courbon 50
Château Lafite-Rothschild **85**
Château Latour **85**
Château Mouton-Rothschild **85**
Château-Fort St-Clair 31
Chlodwig I., Frankenkönig 12
Ciboure 109, 118
Clémenceau, Georges 34
Cognac 8, 39, **61–63**, 131, 133, 134
Cognac (Weinbrand) 8, 39, 58, 62, **63**, 133
Cognacq, Ernest 44
Colbert, Jean Baptiste 48
Contis 99
Corniche Basque 119
Côte Basque 10
Côte d'Argent 11, **65**, **88–89**, 131, 132, 133
Côte de Lumière 18, 30
Coulon 37
Courant d'Huchet 102
Course landaise 104, 106
Courses landaises 130
Coutanceau, Richard 43
Crassus, Linicius 12
Créon **79**

D

Dagobert I., König 12
Dalí, Salvador **85**
Danton, Georges **67**
Dax 12, 97, 101, 104, **105–107**, 130
Delbos, Jean **84**
Dune du Pilat 10, **65**, **90**, **94–95**
Dupré de Saint-Maur, Nicolas François **67**

E

Edward III., englischer König 13
Entre-Deux-Mers **65**, **78–79**, **86**
Épesses 22
Esnandes 35
Espelette 121, 128, 130
Estournel, Gaspard d' **85**
Étang d'Aureilhan 99
Étang d'Hourtin-Carcans 10
Étang de Cazaux et Sanguinet 97, 98
Étang de Lacanau **88**, 132
Étang de Léon 102–103
Eugénie de Montijo, Kaiserin 109, 113, 114

F

Facture 101
Farouk von Ägypten 113
Fernando VII., spanischer König **69**
Fort Boyard 52, 53, 54, 55
Fort Médoc 14, **81**, **82**, 131

Fouras 47
Franco, Francisco 119
François I., König 8, 62
Fromentin 24
Futuroscope 11, 22

G

Gabriel, Jacques **70**
Gabriel, Jacques-Ange **70**
Garnier, Charles **70**
Garonne **65**, **68**, **69**, **70**, **71**, **72**, **73**, **78**, **80–81**
Gaulle, Charles de, General 28
Gironde 11
Goya, Francisco José de **69**
Grand Étang de Biscarosse 98
Grottes d'Isturits et d'Oxocelhaya 122
Guillaume VIII., Graf von Poitiers 12
Guiton, Jean 39
Gujan-Mestras **90–92**

H

Hals, Frans 112
Haut-Médoc **82–85**
Hendaye 119–120
Henri IV. 13, 35, 39, **81**
Henri von Navarra 13
Henri, Herzog von Burgund **81**
Henry II., englischer König 12, **65**, **79**
Hilarius, hl. 18
Hitler, Adolf 119
Hoche, Lazare Louis 24
Hossegor 97, 103–105, 130, 133
Hôtel de Ville 110
Hourtin **88**
Hugenotten 13, 33, **39**, 40, 46, 53

I

Île aux Oiseaux **89**
Île d'Aix 8, 39, **47–48**
Île d'Oléron 7–8, 39, **52–55**, 133
Île d'Yeu 18, **27–29**
Île de Noirmoutier 6, 18, **24–27**, 132, 133
Île de Ré 7, 34, 39, **43–46**, 133
Ingrand, Max **72**

J

Jakobsweg 12, 15, 18, **50**, **79**, **87**, 99, 109, 122, 123
Jean de Berry, Herzog 18
Jean le Bon 13
Jeanne d'Arc 13

K

Karl der Große 12
Karl Martell 12

L

L'Amélie-sur-Mer **87**
L'Épine 26
L'Herbaudière 26
L'Herbe **90**
La Brède 14
La Cotinière 8, 55
La Couarde-sur-Mer 45
La Fayette, Marquis de la 49
La Flotte 44
La Frébouchère 34
La Guérinière 26
La Hume **92**
La Palmyre 57
La Rochelle 6, 7, 11, 12, 13, **39–43**, 44, 45, 127, 130, 131, 132, 133, 134, 135
  Aquarium La Rochelle 42–43
  Cathédrale St-Louis 42
  Grosse Horloge 41
  Hôtel de la Bourse 42
  Hôtel de Ville 41
  Jardin des Plantes 42
  Maison Henri II. 41–42
  Marché 42
  Musée d'Histoire Naturelle 42
  Musée d'Orbigny-Bernon 42
  Musée des Beaux-Arts 42
  Musée du Flacon à Parfum 41
  Musée du Nouveau Monde 42
  Musée Maritime de la Rochelle 43
  Palais de Justice 42
  Tour de la Chaîne 40–41
  Tour de la Lanterne 41
  Tour St-Nicolas 41
  Vieux Port 40, 41
La Sauve, Abtei **79**
La Sauve-Majeure 9, **79**
La Tranche-sur-Mer 6, 34–35, 130
La- Bréeles-Bains 53
Labastide-d'Armagnac **107**
Labastide-d'Armagnac **79**, 97
Labourd 109, **120–121**
Labrède **80**
Lac d'Hourtin et de Carcans **65**, **88–89**, 132
Lacanau-Océan **88**
Lacq 15, 133
Lafaille, Clément de 42
Lalande, Pierre de Raymond de **73**
Lamarque **82–84**
Lanton **90**
Le Bernard 34
Le Bois-Plage 45
Le Canon **90**
Le Douhet 53
Le Grand Piquey **90**
Le Gurp **88**
Le Moutchic **88**
Le Petit Piquey **90**
Lège **90**
Les Landes **97–107**
Les Portes 46
Les Sables d'Olonne 6, 18, **30–34**
Libourne **79**
Lilleau des Niges 46
Loix-en-Ré 45
Loti, Pierre 49, 54, 122
Louis Philippe, Bürgerkönig **81**
Louis VII., König 12, 36, **73**
Louis XIII., König 13, 39, 46
Louis XIV., König 13, 14, 39, 48, 51, 56, **69**, 110, 116
Louis XV., König **70**
Louis XVI., König 14, 24, 27, 42, 122
Louis, Victor **70**
Luçon 35

M

Macau **82**
Maillezais 35, 36
Maillol, Aristide 20
Mancini, Maria 51
Marais 18
Marais d'Olonne 33
Marais Poitevin 18, **35–37**, 132
Marat, Jean-Paul **67**
Marennes 39, 51–52
Margarete von Valois 13
Margaux **82**
Margueritte, Paul 103
Maria Theresa, Infantin 13, 51, 56, 116
Marquet, Albert **73**
Marquèze 100
Maubuisson **88**
Mazarin, Jules, Kardinal 51
Médoc 8, **65**, **82–87**, 130
Mérimée, Prosper 58
Meschers-sur-Gironde 57–58
Mimizan 97, **98–99**, 101, 130
Moliets-Plage 102
Mont des Alouettes 23
Montaigne, Michel de **71**
Montalivet-les-Bains **88**
Montesquieu, Charles-Louis de 14, **65**, **67**, **80**
Moulin de Vensac **86**
Moulis **82**, **86**

N

Napoleon III., Kaiser **75**, **86**, **93**, 109, 113, 114
Nieul-sur-l'Autise 35, 36–37
Nive 109, 110
Nogaret de Lavalette, Jean Louis de **81**
Noirmoutier-en-l'Île 24, 25, 26

P

Palissy, Bernard 60
Parc Naturel Régional des Landes de Gascogne 99–100
Parc Ornithologique du Marais aux Oiseaux 54
Parc Ornithologique du Teich **90**
Parentis 15, 98, 133
Pauillac **85**, 129, 130
Pelote 10, 103, 104, 106, **115**, 120, 130
Pertuis Breton 34–35
Pétain, Henri Philippe 28
Petuaud-Letang, Michel **75**
Phare de Baleines 45
Phare de Chassiron 53
Phare de Cordouan 56–57, **87**
Phare de Richard **86**
Philbert, Mönch 24
Philippe VI. von Valois 13
Picasso, Pablo **85**
Picquigny, Friede von 13
Pius V., Papst 104
Plaisance 53
Plantagenêt, Henri de 12, **65**, **79**, 109
Pointe de Grave **87**
Pointe de l'Aiguillon 35
Poitiers 11, 12, 13, **18–22**, 50, 58, 127, 133
Port de Lamarque **82**
Port des Salines 55
Port-Joinville 28
Pouyalet **85**
Pouzauges 23
Puy du Fou 22–24, 131
Pyla-sur-Mer 133

R

Ravel, Maurice 103, 109, 118
Redon, Odilon **73**

141

**ADAC Reiseführer in Top-Qualität.
Pro Band 300–600 Sehenswürdigkeiten,
140–180 farbige Abbildungen und
rund 40 TOP TIPPS.**

**ADAC Reiseführer plus kombinieren Top-
Reiseführer mit perfekten CityPlänen, Länder-
Karten oder UrlaubsKarten. Kompakt und
komplett im praktischen Klarsicht-Set!**

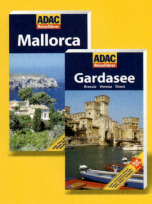

Lieferbare Titel:

Ägypten
Algarve
Allgäu
Amsterdam
Andalusien
Australien
Bali & Lombok
Baltikum
Barcelona
Berlin
Bodensee
Brandenburg
Brasilien
Bretagne
Budapest
Bulg. Schwarz-
  meerküste
Burgund
City Guide
  Deutschland
City Guide
  Germany
Costa Brava &
  Costa Daurada
Côte d'Azur
Dänemark
Dominikanische
  Republik
Dresden
Dubai, Vereinigte
  Arabische
  Emirate, Oman
Elsass
Emilia Romagna
Florenz
Florida
Franz. Atlantik-
  küste
Fuerteventura
Gardasee
Golf von Neapel
Gran Canaria
Hamburg
Harz

Hongkong &
  Macau
Ibiza & Formentera
Irland
Israel
Istrien & Kvarner
  Golf
Italienische Adria
Italienische
  Riviera
Jamaika
Kalifornien
Kanada – Der Osten
Kanada –
  Der Westen
Karibik
Kenia
Korfu & Ionische
  Inseln
Kreta
Kuba
Kroatische Küste –
  Dalmatien
Kykladen
Lanzarote
Leipzig
London
Madeira
Mallorca
Malta
Marokko
Mauritius &
  Rodrigues
Mecklenburg-
  Vorpommern
Mexiko
München
Neuengland
Neuseeland
New York
Niederlande
Norwegen
Oberbayern
Österreich

Paris
Peloponnes
Piemont,
  Lombardei,
  Valle d'Aosta
Polen
Portugal
Prag
Provence
Rhodos
Rom
Rügen, Hiddensee,
  Stralsund
Salzburg
Sardinien
Schleswig-
  Holstein
Schottland
Schwarzwald
Schweden
Schweiz
Sizilien
Spanien
St. Petersburg
Südafrika
Südengland
Südtirol
Sylt
Teneriffa
Tessin
Thailand
Toskana
Türkei – Südküste
Türkei – Westküste
Tunesien
Umbrien
Ungarn
USA – Südstaaten
USA – Südwest
Usedom
Venedig
Venetien & Friaul
Wien
Zypern

Lieferbare Titel:

Ägypten 5/2007
Allgäu
Amsterdam 5/2007
Andalusien
Baltikum 5/2007
Barcelona
Berlin
Berlin (engl.)
Bodensee
Brandenburg
Budapest
Côte d'Azur
Dänemark
Deutschland – Die
  schönsten Autotouren
Dresden
Franz. Atlantikküste
Fuerteventura
Gardasee
Gran Canaria
Hamburg
Harz 5/2007
Irland
Istrien & Kvarner Golf
Ital. Adria 5/2007
Ital. Riviera 5/2007
Korfu/Ionische Inseln
Kreta
Kuba
Kroatische Küste –
  Dalmatien 5/2007
Leipzig
London
Mallorca
Mecklenburg-Vorpommern
München
New York
Norwegen
Oberbayern
Österreich
Paris
Polen
Portugal
Prag

Rhodos
Rom
Rügen, Hiddensee, Stralsund
Salzburg
Sardinien
Schleswig-Holstein
Schwarzwald
Schweden
Schweiz
Sizilien
St. Petersburg 5/2007
Südtirol
Sylt 5/2007
Teneriffa
Toskana
Türkei – Südküste
Türkei – Westküste 5/2007
Usedom
Venedig
Wien

Weitere Titel in
Vorbereitung.

Mehr erleben, besser reisen.

Rhune 109, 120
Richelieu, Armand du Plessis de, Kardinal 13, 34, 39, 50, 53
Rivedoux-Plage 45
Rochefort 39, 47, **48–50**, 51, 134
Roland 12, 122
Rolandslied 12, 122
Rostand, Edmond 121–122
Rothschild, Philippe de **85**
Route des Huîtres 53
Royan 15, **55–57**, **87**, **88**, 135
Rufus, Gaius Julius 58

Sabres 100, 132
Saintes 8, 12, 39, 50, **58–61**, 134
   Arc de Germanicus 58–59
   Arènes Romaines 61
   Cathédrale St-Pierre 60
   Église St-Eutrope 60–61
   Jardin Public 59
   Musée Archéologique 59
   Musée de l'Echevinage 60
   Musée des Beaux-Arts 60
   Musée Régional Dupuy-Mestreau 60
   Ste-Marie-aux-Dames 59–60

Salzgewinnung 24, 26, 27, 33, 43, 44, 45, 53, 55
Sauveterre-de-Guyenne **79**
Sinatra, Frank 113
Sion-sur-l'Océan 30
Soulac-sur-Mer 12
St-Christoly **85**
St-Clément-des-Baleines 46
St-Denis-d'Oléron 53
St-Emilion **65**, **76–78**, **86**, 129, 130
St-Estèphe **85**
St-Georges-de-Didonne 56
St-Gilles-Croix-de-Vie 18, 29–30, 130, 133
St-Girons-Plage 97, 102
St-Jean d'Angély 46–47, 50
St-Jean-de-Luz 13, 109, **116–119**, 128, 130, 131
St-Jean-de-Monts 30
St-Jean-Pied-de-Port 12, 50, 109, **122–123**
St-Macaire **81**
St-Martin-de-Ré 44
St-Michel-en-l'Herm 35
St-Michel-Mont-Mercure 23
St-Pierre d'Oleron 54
St-Trojan-les-Bains 54, 55
St-Vivien-de-Médoc **86**

Talmont-St-Hilaire **34**, 130
Tourny, Louis Marquis de **67**, **71**, **75**
Tucholsky, Kurt 109

Vauban, Sébastien le Prestre de 14, 44, 53, **81**, **84**, 110, 118, 122
Vendée 6, 11, 14, 15, 18–37, 126, 127, 131, 133
Vendéekriege 24
Vertheuil **82**, **85**
Viaud, Julien 49
Vieil 24
Vienne 126
Vieux-Boucau-les-Bains 97, 103, 104
Viollet-le-Duc, Eugène-Emmanuel 119

W

Warhol, Andy **85**
Weinbau 9, 11, 15, 39, 43, 52, 61, 63, **65**, **72**, **73**, **77**, **78**, **82**, **86**, 130, 133
Wellington, Arthur **14**

Impressum

Lektorat und Bildredaktion: Elisabeth Adam
Aktualisierung: Christian Noß
Karten: Mohrbach Kreative Kartographie, München
Herstellung: Martina Baur
Druck, Bindung: Druckerei Uhl, Radolfzell

Printed in Germany

Ansprechpartner für den Anzeigenverkauf:
Kommunalverlag, München

ISBN 978-3-89905-447-7
ISBN 978-3-89905-536-8 Reiseführer Plus

Gedruckt auf chlorfrei gebleichtem Papier

Neu bearbeitete Auflage 2007
© ADAC Verlag GmbH, München

Das Werk einschließlich aller seiner Teile ist urheberrechtlich geschützt. Jede Verwendung ohne Zustimmung des Verlags ist unzulässig und strafbar. Das gilt insbesondere für Vervielfältigungen, Übersetzungen, Mikroverfilmungen und die Verarbeitung in elektronischen Systemen. Die Daten und Fakten für dieses Werk wurden mit äußerster Sorgfalt recherchiert und geprüft. Wir weisen jedoch darauf hin, dass diese Angaben häufig Veränderungen unterworfen sind und inhaltliche Fehler oder Auslassungen nicht völlig auszuschließen sind. Für eventuelle Fehler können die Autoren, der Verlag und seine Mitarbeiter keinerlei Verpflichtung und Haftung übernehmen.

Bildnachweis

Umschlag-Vorderseite: Biarritz. Foto: *Bildagentur Huber, Garmisch-Partenkirchen (F. Olimpio)*
Umschlag-Vorderseite Reiseführer Plus: Biarritz. Foto: *laif, Köln (P. Jacques)*

Titelseite
Oben: Erholung Suchende auf der Dune du Pilat (Wh. von S. 94/95)
Mitte: St-Emilion, mittelalterlicher Ort inmitten von Weingütern (Wh. von S. 76)
Unten: Der Atlantik brandet an die Küste der Île d'Yeu mit dem Vieux Château (Wh. von S. 29)

Bilderberg, Hamburg: 47 (C. Boisvieux) – *Claude Bousquet, Savigny les Beaune:* 99, 101, 102, 103, 107, 111 oben, 122, 123 – *Hartmuth Friedrichsmeier, Hamburg:* 7 oben, 11 oben, 44, 51, 56 oben, 69, 83 oben, 111 unten, 118, 134 (Th. Stankiewicz), 25 unten (Scope/Guy Thouvenin), 53 (Scope/Ph. Beuzen), 124 Mitte rechts (Jean-Luc Barde) – *Udo Haafke, Ratingen:* 63 – *IFA-Bilderteam, München:* 2, 41 unten (Haigh), 19, 21 (TPC), 20 (Steffens), 26/27, 28 (Thouvenin), 36/37 (Diaf), 43 (D. Eichler) – *laif, Köln:* 5 (2), 6/7, 7 unten, 8 (2), 9 (2), 10 (2), 29, 30, 31, 32 unten, 33, 35, 40 oben, 48, 49 (2), 65 unten, 57, 58, 62, 64, 68 (2), 70, 71 (2), 72, 73, 74 (4), 77, 83 Mitte, 83 unten, 84, 85, 86, 88, 89, 90, 92, 94/95, 96, 98, 100, 104, 105, 106, 108, 114, 116, 119, 120, 121, 124 oben, 124 unten, 127, 128 unten, 132, 135 (Gernot Huber), 11 unten (Thomas Ebert), 22 (RNR), 76, 124 Mitte links, 128 oben (Conrad Piepenburg), 23 (Hemispheres) – *picture alliance, Frankfurt/Main:* 32 oben(Mochet) – *Süddeutscher Verlag/Bilderdienst, München:* 13 (2), 14, 15 – *Martin Thomas, Aachen:* 16/17, 25 oben, 32 Mitte, 34, 38, 42, 45, 54, 59 (2), 60, 61, 78, 80, 91 (2), 93, 115, 117